Activités clés en main

Aliments & Nutrition

La découverte du Monde
Sciences et technologie
CP - CE1 - CE2

Nadine Fournial • Bernard Henry • Serge Herreman

hachette
ÉDUCATION

Les auteurs
Nadine Fournial est professeur des écoles maître formateur.
Bernard Henry est directeur d'école d'application.
L'un et l'autre sont enseignants-ressource en sciences.
Serge Herreman est professeur d'IUFM. Il a exercé les fonctions de maître formateur et de conseiller pédagogique.
Il a déjà coordonné chez Hachette Éducation les ouvrages *Comment enseigner la découverte du monde au cycle 2* et *Comment enseigner les sciences et la technologie au cycle 3* auxquels Bernard Henry a participé.
Il est également coordonnateur et coauteur de l'ouvrage de préparation à *L'épreuve orale d'entretien au CRPE*, paru dans la collection « Objectif concours » chez Hachette Éducation et du *CRPE en fiches, Éducation et système éducatif*, paru également chez Hachette Éducation.

Cet ouvrage est accompagné d'un cédérom qui nécessite Acrobat Reader. Pour une utilisation optimale des fonctionnalités du cédérom, il est recommandé d'utiliser la version 8 d'Acrobat Reader. Ce logiciel peut être téléchargé gratuitement à l'adresse suivante :
http://www.adobe-reader.org
Ce cédérom est gratuit et ne peut être vendu séparément.

Couverture : Nicolas Piroux
Intérieur : Médiamax

Illustrations et dessins techniques : Laurent Rullier
Les photographies et reproductions de productions d'élèves sont des auteurs.

ISBN 978-2-01-171132-8
www.hachette-education.com

SOMMAIRE

PROJETS À RÉALISER AVEC LES ÉLÈVES

ANNEXE

Pour tout ce qui concerne l'hygiène et la sécurité alimentaire, on se reportera à la circulaire n° 2002-004 du 3 janvier 2002. Cette circulaire est disponible sur le cédérom qui accompagne le livre ▷ DOC 74.

PRÉSENTATION

• **Les ouvrages de la collection « Activités clés en main »** ont pour objectif de permettre aux enseignants de s'investir dans le domaine des sciences et de la technologie à l'école grâce à des propositions concrètes.

• Leur but est d'offrir aux enseignants, dans le cadre des programmes, **des séances directement réutilisables en classe**.

• **Chaque ouvrage de la collection propose :**
– **un ensemble de séquences** composées d'une ou de plusieurs séances d'une durée moyenne de 55 minutes chacune ;
– **des projets complets et précis** directement exploitables ;
– **un cédérom comportant des compléments à imprimer.** Les documents du livre repris dans le cédérom sont identifiés par le picto : ▷ DOC 00.

• **Les différentes activités qui sont présentées ont été effectivement réalisées** dans des classes de CP, de CE1 et de CE2. Des photos et des productions d'élèves commentées en témoignent.

• **Les activités et les projets proposés s'inscrivent dans une démarche d'investigation** permettant aux enfants de construire efficacement leurs connaissances.

• **Au cours des activités présentées dans les ouvrages,** les élèves sont amenés à travailler :
– le plus souvent en groupe de 4 ou par 2 (les enfants apprennent ainsi « avec leurs pairs », en confrontant leurs hypothèses, en échangeant leurs observations, etc.) ;
– avec le groupe classe entier (en opérant la synthèse, en rédigeant une trace écrite collectivement) ;
– et, bien évidemment, de façon individuelle (évaluation, compte rendu d'expérience ou avant-projet).

• **Certaines séances sont accompagnées d'une information succincte à destination des enseignants.** Ce contenu spécifique est identifié par le picto .

• **Chaque ouvrage peut s'utiliser de façon différenciée :**
– l'enseignant peut suivre les séquences dans l'ordre chronologique ;
– il peut aussi choisir des séquences ou un projet particuliers parmi l'ensemble proposé.

• **Notre volonté est de proposer « plutôt plus »** que « plutôt moins ». Chaque enseignant pourra ainsi aller plus ou moins loin dans les ouvrages, utiliser plutôt certaines propositions que d'autres, en fonction des besoins particuliers des élèves de sa classe.

LES COMPÉTENCES

• Nous présentons pour chaque séance de l'ouvrage **des objectifs de connaissances**.
• Dans le cas spécifique des projets, nous incluons également **une liste de compétences spécifiques à exercer/à développer chez les élèves**.
• Enfin, vous trouverez ci-dessous les **compétences du socle commun de connaissances et de compétences** travaillées dans les différentes situations d'apprentissage proposées par l'ouvrage (*cf.* programmes de 2008). Pour plus de clarté, nous ne les avons pas reprises de façon systématique dans la présentation de chaque séance.

DÈS LE CYCLE 2

Compétence 1 : La maîtrise de la langue française

L'élève est capable de :
– s'exprimer clairement à l'oral en utilisant un vocabulaire approprié ;
– lire seul, à haute voix, un texte comprenant des mots connus et inconnus ; [...]
– lire seul et comprendre un énoncé, une consigne simple ;
– dégager le thème d'un paragraphe ou d'un texte court ;
– copier un texte court sans erreur dans une écriture cursive lisible et avec une présentation soignée ; [...]

Compétence 6 : Les compétences sociales et civiques

L'élève est capable de :
[...] – participer en classe à un échange verbal en respectant les règles de la communication ;
– appeler les secours ; aller chercher de l'aide auprès d'un adulte. [...]

Compétence 7 : L'autonomie et l'initiative

L'élève est capable de :
– écouter pour comprendre, interroger, répéter, réaliser un travail ou une activité ;
– échanger, questionner, justifier un point de vue ;
– travailler en groupe, s'engager dans un projet [...] ;
– appliquer des règles élémentaires d'hygiène.

VERS LE CYCLE 3

Compétence 3 : [...] La culture technologique

– savoir observer, questionner ;
– manipuler et expérimenter, formuler une hypothèse et la tester, argumenter ;
– mettre à l'essai plusieurs pistes de solutions ;
– exprimer et exploiter les résultats d'une mesure ou d'une recherche en utilisant un vocabulaire scientifique à l'écrit et à l'oral ;
– maîtriser des connaissances dans divers domaines scientifiques.

LE VOCABULAIRE RETENU

Les séances de l'ouvrage sont prévues pour des élèves de cycle 2 et de tout début de cycle 3. Nous proposons donc l'utilisation d'un vocabulaire adapté. Nous avons ainsi retenu, de façon générale, le terme « **alimentation** » et n'employons pas celui de « **nutrition** » (sauf dans les informations succinctes destinées aux enseignants). De la même façon, nous suggérons de retenir le générique de « végétarien » au lieu d'« herbivore ». Libre ensuite aux collègues de préciser ou non le lexique en fonction de leurs élèves.

1 CLASSER LES ALIMENTS

Durée

55 minutes.

Objectifs de connaissances

Nommer, différencier et classer les aliments en élaborant des critères.

Matériel

- *Crayons à papier, crayons de couleur, colle, marqueurs, scotch ou aimants.*
- *Photographies d'aliments divers (ne pas oublier le sucre, l'eau et le sel) ; catalogues publicitaires d'aliments.*
- *Divers emballages d'aliments en nombre suffisant (demander aux élèves de les apporter).*

DÉROULEMENT

OBSERVATION ET IDENTIFICATION DES ALIMENTS

▶ Travail collectif oral

Les élèves observent les différents documents et emballages.
Leur demander d'identifier et de nommer les aliments représentés.
L'enseignant ouvre le dialogue :
« Les avez-vous déjà tous goûtés ?
– Quels sont ceux que vous préférez ?
– Pourquoi ? *(C'est sucré, salé...)*
– Ceux que vous préférez sont-ils les meilleurs pour votre santé ? »

CLASSEMENT DES ALIMENTS

▶ Travail en groupe de quatre

Distribuer les documents et emballages. Dire aux élèves : « Faites plusieurs groupes d'aliments qui, selon vous, vont ensemble. »

CONFRONTATION DES RÉSULTATS

▶ Travail collectif

Explication des choix retenus par les différents groupes.

MISE EN COMMUN

▶ Travail collectif

De nombreux classements sont possibles :
– La saveur des aliments : salé/sucré, amer/acide, sans saveur.
– La façon de les préparer : cru/cuit.
– Le lieu de production : en France/à l'étranger.

– Leur origine : animale/végétale.
– La nature des aliments : viandes, poissons, produits laitiers, céréales, légumes et fruits, matières grasses.
Une discussion guidée par l'enseignant permet de mettre en évidence des associations peu judicieuses et de clarifier des représentations erronées des élèves comme : « Il y a de l'huile dans les œufs. »
Le débat permet aussi d'expliquer d'où viennent certains aliments comme la farine, le jambon, la confiture... On met également en évidence que d'autres ont subi plusieurs transformations (le beurre, le fromage proviennent du lait).
L'objectif est d'arriver à cette conclusion : les aliments sont de nature variée, mais ils sont d'origine animale ou végétale.

▶ Travail individuel

Distribution d'une feuille blanche à chacun. Les élèves doivent opérer un nouveau classement sur l'origine des aliments (animale ou végétale).

▶ Travail collectif

Récapitulation de la recherche collective pour fixer les notions.
Les élèves remarquent que ni l'eau ni le sel n'ont pu être classés. L'enseignant engage une réflexion sur leur provenance.
Il demande : « D'où vient le sel ? »
Réponse attendue : *« De la mer. »*
Puis il pose la même question pour l'eau.
Réponse attendue : *« De la montagne, des sources. »*
L'eau et le sel ne sont ni d'origine animale, ni d'origine végétale : ils sont d'origine minérale.
L'eau est indispensable à notre alimentation

SYNTHÈSE ET TRACE ÉCRITE

Après débat et acceptation par l'ensemble de la classe, une trace écrite est proposée par l'enseignant.

1. Certains aliments se trouvent dans la nature. Ils proviennent :

des plantes
ORIGINE VÉGÉTALE

des animaux
ORIGINE ANIMALE

de la Terre, de la mer...
ORIGINE MINÉRALE

2. D'autres aliments sont fabriqués à partir d'un ou de plusieurs éléments.

Le pain est préparé avec de la farine de blé, de l'eau, du levain (pour faire gonfler la pâte).

Les pâtes sont constituées de blé et d'eau.

Les fromages sont à base de lait de vache ou de chèvre.

3. Les aliments se mangent crus ou cuits.

2 LES GRANDES FAMILLES D'ALIMENTS

Durée

55 minutes.

Objectifs de connaissances

- *Notion de menu équilibré.*
- *Il faut manger des repas équilibrés pour bien grandir et être en bonne santé.*

Matériel

- *Schéma représentant les 6 groupes d'aliments (format affiche et A4).*
  ▷ DOC 1
- *Photographies d'aliments divers (ne pas oublier le sucre, l'eau et le sel) ; catalogues publicitaires d'aliments.*
- *Divers emballages d'aliments en nombre suffisant (demander aux élèves de les apporter).*

DÉROULEMENT

➲ *CLASSER LES EMBALLAGES APPORTÉS PAR LES ÉLÈVES*

▶ Travail collectif oral

Jeu collectif : l'affiche représentant les six groupes d'aliments est placée sur le tableau. L'enseignant la présente aux élèves en la commentant.

– Constituer six groupes d'élèves : un par famille d'aliments. Chaque enfant de chaque groupe vient à tour de rôle choisir un emballage correspondant à l'étiquette de son groupe.

– Vérification collective (les autres groupes valident ou invalident les propositions en expliquant pourquoi).

Une fois le jeu fini, la feuille simple représentant les 6 groupes d'aliments est distribuée aux enfants.

▷ DOC 1

Laisser les élèves la redécouvrir individuellement.

Expliquer le principe : « Pour bien grandir et être en bonne santé, il faut manger **au moins** un aliment de chaque famille **par jour**. »

Demander aux enfants s'il ne manque pas une famille d'aliments. Les sucreries ne sont pas représentées. Cette famille existe bien mais elle n'est pas indispensable à notre alimentation.

▶ Travail individuel

– Le maître demande aux élèves de dessiner au bon endroit sur leur feuille de classification des familles d'aliments : un fromage de chèvre, du jambon, une salade et de la crème fraîche.

– Correction collective.

➲ *ÉCRIRE UN MENU ÉQUILIBRÉ*

▶ Travail en groupe de quatre

Consigne : « Vous allez maintenant imaginer un repas équilibré en choisissant parmi les aliments que vous avez apportés ou parmi des catalogues publicitaires d'aliments. Vous découperez et collerez ces aliments sur une grande affiche.

Attention : vous ne devez pas inventer n'importe quel menu, cela devra être un menu qui, selon vous, vous permettra de bien grandir et d'être en bonne santé. »

▸ Travail collectif

Le rapporteur de chaque groupe lit son menu et explique les choix du groupe. Tous les menus sont ensuite affichés au tableau.

RECONNAÎTRE UN REPAS ÉQUILIBRÉ

Comment utiliser la classification en familles d'aliments ?

▸ Travail collectif

Comment vérifier que les menus inventés par vos camarades sont bien équilibrés ?
Arriver à la notion que pour manger équilibré, il faut respecter la règle : « Pour bien grandir et être en bonne santé, il faut manger au moins un aliment de chaque famille. »
Chaque groupe choisit un menu inventé par un autre groupe et vérifie s'il est bien équilibré.

SYNTHÈSE ET TRACE ÉCRITE

On peut classer les aliments en 6 familles.
Pour bien grandir et être en bonne santé, il faut manger au moins un aliment de chaque famille chaque jour.

DOC 1

L'ALIMENTATION
Les familles d'aliments

Il existe une septième famille : « Sucres et produits sucrés ». Elle n'est pas nécessaire à notre équilibre alimentaire. On peut manger une sucrerie mais seulement de temps en temps, pour le plaisir.

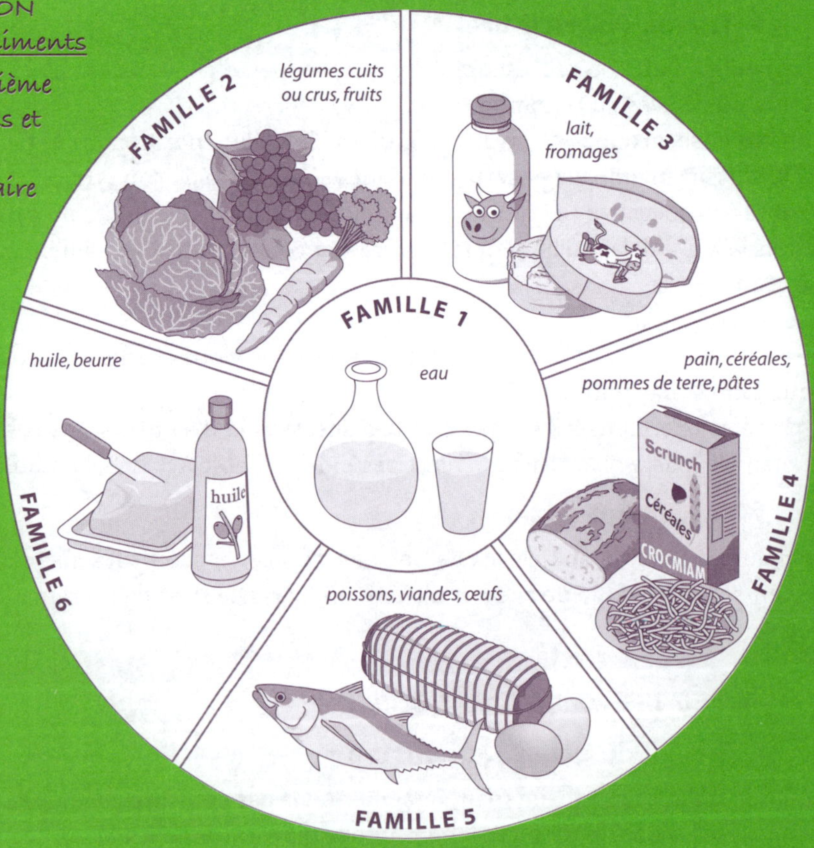

3 MANGEONS-NOUS ÉQUILIBRÉ ?

Durée

55 minutes.

Objectifs de connaissances

• Il faut manger des repas équilibrés pour bien grandir et être en bonne santé.
• Composer un menu équilibré.
• Contrôler si un menu est équilibré.

Matériel

• Schéma représentant les 6 groupes d'aliments (format affiche et A4).
▷ DOC 1
• Enquête sur ce que les élèves ont mangé le dimanche.
▷ DOC 2
• Deux menus à afficher au tableau.
• Menus de cantine.

DÉROULEMENT

TRAVAIL PRÉALABLE

Les élèves auront dû, avant cette séance, remplir l'enquête « Ce que j'ai mangé dimanche » à la maison.

ENQUÊTE « Ce que j'ai mangé dimanche »

Petit déjeuner (matin) : ....
Déjeuner (midi) : ....
....
Goûter (après-midi) : ....
Dîner (soir) : ....
....
....

DOC 2

CONTRÔLER SI UN MENU EST ÉQUILIBRÉ

▶ Travail collectif

Les élèves sortent leur feuille de classification des aliments et leurs enquêtes (« Ce que j'ai mangé dimanche »).
Si ce travail n'est pas possible, travailler sur les menus de cantine.
Le maître demande : « Que faut-il manger pour qu'un menu soit équilibré ? »
Réponse attendue : *« Un aliment de chaque famille au moins chaque jour. »*
À partir des enquêtes ou des menus de cantine, demander aux élèves s'ils ont mangé équilibré, c'est-à-dire s'ils ont mangé au moins un aliment de chaque famille.
Choisir deux ou trois enquêtes ou menus de cantine et les afficher au tableau ; les soumettre aux remarques de l'ensemble de la classe.
Proposer une enquête inventée par l'enseignant sur un élève fictif qui ne mange pas le matin (soit parce qu'il n'a pas le temps, soit parce qu'il n'a pas faim). Amener un débat sur l'importance du petit déjeuner :
– Peut-on se passer de petit déjeuner le matin ? Pourquoi ?
– Que faut-il manger au petit déjeuner ? Pourquoi ?

RECONNAÎTRE UN MENU ÉQUILIBRÉ

▶ Travail en groupe de quatre

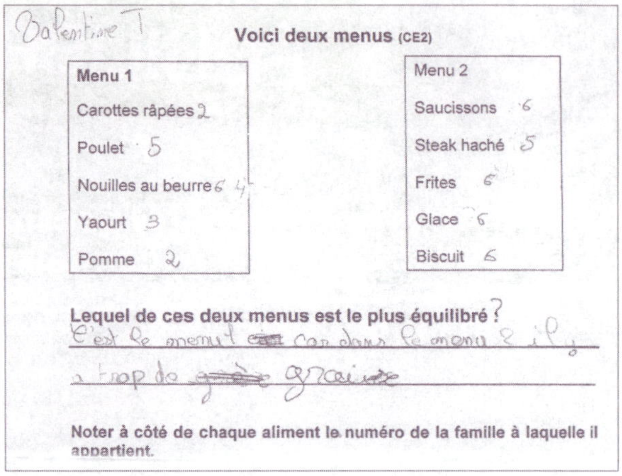
Valentine T

Voici deux menus (CE2)

Menu 1		Menu 2	
Carottes râpées	2	Saucissons	6
Poulet	5	Steak haché	5
Nouilles au beurre	6 4	Frites	6
Yaourt	3	Glace	6
Pomme	2	Biscuit	6

Lequel de ces deux menus est le plus équilibré ?

C'est le menu 1 car dans le menu 2 il y a trop de graisse

Noter à côté de chaque aliment le numéro de la famille à laquelle il appartient.

– Affichage au tableau de deux menus. Parallèlement, distribution aux élèves d'une feuille où figurent ces deux mêmes menus avec des questions. La consigne est la suivante : « Vous allez jouer aux nutritionnistes. Trouvez lequel des deux menus est le plus équilibré. Vérifiez s'il permet de bien grandir et d'être en bonne santé. Notez à côté de chaque aliment le numéro de la famille à laquelle il appartient. »

Pour le CP : ▷ DOC 3

Pour le CE1 et le CE2 : ▷ DOC 4

Rappel de l'enseignant pour aider les enfants à faire l'exercice : « Pour bien grandir et être en bonne santé, il faut manger au moins un aliment de chaque famille une fois par jour. »

– Une fois l'exercice terminé, le maître distribue aux élèves des étiquettes sur lesquelles sont inscrits les différents mets (une étiquette pour « carottes râpées », une autre pour « poulet », pour « nouilles au beurre », etc.). ▷ DOC 5

Les élèves doivent les placer dans la famille d'aliments correspondante sur leur feuille de classification individuelle.

Validation au tableau par les enfants eux-mêmes qui viennent placer les étiquettes sur l'affiche grand format de la classification des aliments.

SAVOIR COMPOSER UN MENU ÉQUILIBRÉ

▶ Travail collectif

– Il semble qu'un des menus de ce restaurant n'est pas équilibré.

– Pourquoi n'est-il pas équilibré ?

Réponse attendue : *« Une ou plusieurs familles d'aliments ne sont pas présentes dans ce menu. »*

▶ Travail en groupe de quatre

Le maître demande aux élèves de transformer ce menu pour qu'il devienne équilibré. Chaque groupe vient exposer son nouveau menu ; les autres élèves écoutent attentivement et valident ou non sa proposition.

SYNTHÈSE ET TRACE ÉCRITE

Après débat et acceptation par l'ensemble de la classe, une trace écrite est proposée par l'enseignant.

L'ALIMENTATION — <u>Équilibrer ses repas</u>

Pour avoir une alimentation équilibrée, chacune des familles d'aliments doit être consommée régulièrement, et pour certaines à chaque repas (eau).

Seule la famille des sucreries n'est pas indispensable.

Le petit déjeuner est un vrai repas. Avant de partir pour l'école, il est important de bien manger pour éviter « un coup de fatigue » au milieu de la matinée. On recommande même de manger au petit déjeuner un quart de ce que l'on mange dans une journée.

<u>Quelques conseils si l'on n'a pas faim au petit déjeuner</u>

- prendre un jus d'orange au saut du lit ;
- manger une biscotte ou une tartine avec de la confiture ;
- si l'on n'aime pas le lait, manger un yaourt, des petits-suisses, du fromage blanc ou du fromage (gruyère).

4 COMPOSER UN MENU ÉQUILIBRÉ

Durée

55 minutes.

Objectifs de connaissances

- *Il faut manger des repas équilibrés pour bien grandir et être en bonne santé.*
- *Composer un menu équilibré.*

Matériel

- *La feuille avec les 6 groupes d'aliments.*

▷ DOC 1

- *La feuille comportant les deux menus.*

▷ DOC 6

- *La pyramide des aliments.*

▷ DOC 7

DÉROULEMENT

CONTRÔLER SI UN MENU EST ÉQUILIBRÉ

▸ Travail individuel

Distribuer aux élèves une feuille où figurent deux menus.
Leur demander lequel est le plus équilibré, et pourquoi.
Confrontation des résultats obtenus par les élèves ; au tableau, noter à côté de chaque aliment le numéro de la famille à laquelle il appartient, ce qui permettra de mettre en évidence le plus équilibré des deux menus.

▷ DOC 6

MENU 1
Salade de tomates
Saumon en papillote avec ses petits légumes (carottes, poireaux, pommes de terre, haricots)
Fromage
Fruits de saison
Pain
Eau

MENU 2
Salade de tomates à la feta
Saumon à la crème fraîche
Haricots, pommes de terre, carottes cuites au beurre
Fromage
Glace vanille framboise couronnée de crème Chantilly
Pain
Jus de fruits

COMPOSER UN MENU ÉQUILIBRÉ

▸ Travail en groupe de deux

Consigne : « Composez un menu à votre goût pour un repas de midi. Vous pouvez vous aider de la feuille des familles d'aliments. »
Relever quelques propositions au tableau et les commenter ensemble : en partant de celles retenues et présentées à l'ensemble de la classe, on choisira par exemple un menu où les élèves ont omis de mentionner l'eau qui est pourtant un élément à consommer toute la journée.

SYNTHÈSE ET PRÉSENTATION DE LA PYRAMIDE

Travail collectif

Présenter une pyramide alimentaire.

On l'utilise pour représenter les proportions de chaque famille d'aliments qu'il est recommandé de consommer chaque jour pour un bon équilibre alimentaire.

Les aliments sont classés par couche : à la base, les familles d'aliments à consommer le plus, au sommet, les familles d'aliments à ne consommer que de temps en temps.

SYNTHÈSE ET TRACE ÉCRITE

Après débat et acceptation par la classe, une trace écrite est proposée par l'enseignant.

DOC 7

L'ALIMENTATION

L'équilibre alimentaire

Une pyramide montre les aliments à consommer le plus et ceux à ne consommer que de temps en temps.

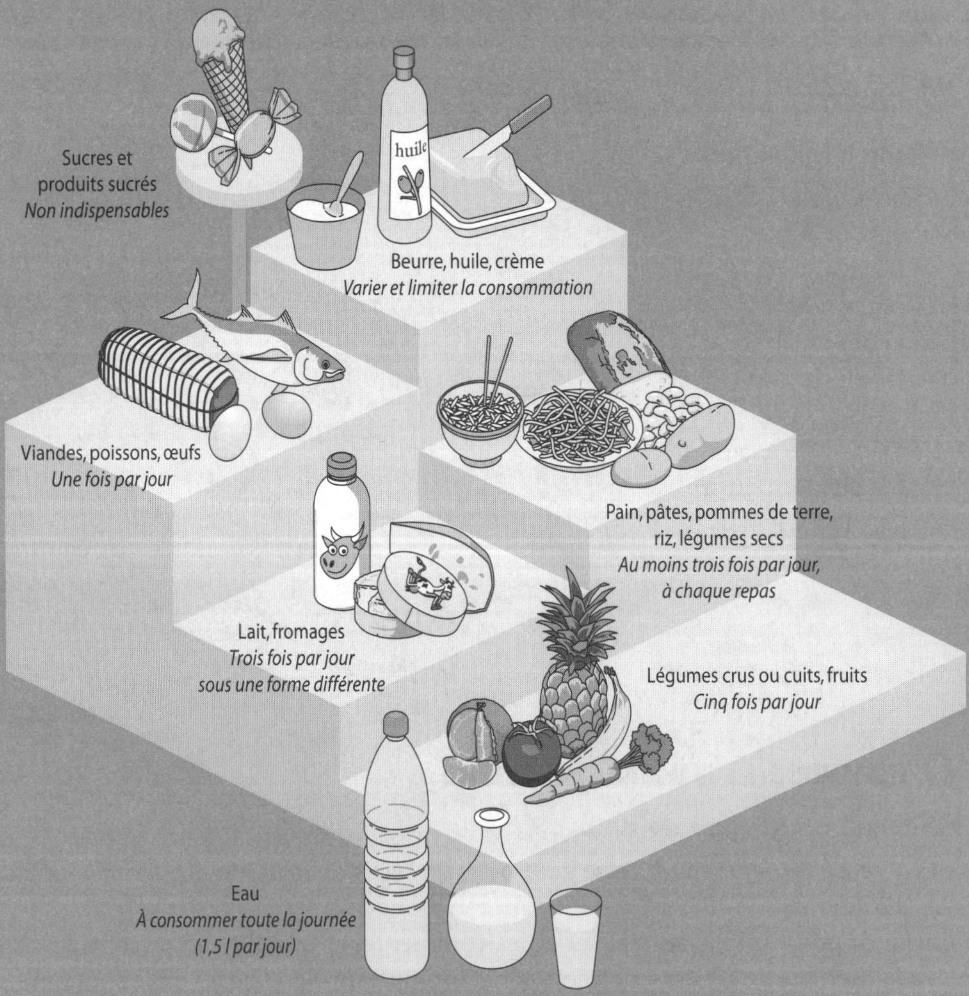

SYNTHÈSE ET TRACE ÉCRITE SUPPLÉMENTAIRE (CE2)

L'ALIMENTATION

L'équilibre alimentaire

Comment composer un menu ?

Un menu équilibré doit tenir compte :

- De la quantité d'aliments : un enfant de 8 ans mange plus qu'une personne de 70 ans car il se dépense plus dans une journée.
- Du climat : quand il fait chaud, le corps consomme beaucoup d'eau, il faut donc boire beaucoup.
- Des excès : il ne faut pas manger trop de matières grasses et de sucres car le corps les stocke sous forme de graisse.

En résumé, quelques conseils pour respecter un équilibre alimentaire :

- Goûte l'aliment qui est dans ton assiette. Il n'est pas toujours préparé de la même façon ; il n'a pas le même aspect, ou la même saveur. Les goûts peuvent changer.
- Essaie de manger dans une ambiance calme, sans cris, ni tapage, et prends ton temps.
- Évite les grignotages sucrés ou salés en dehors des repas. Ils coupent l'appétit.
- Mange à des heures régulières. L'estomac peut ainsi se reposer.
- Mâche bien les aliments avant de les avaler. Cela facilite le travail de l'estomac.
- Varie ton alimentation. Manger de tout est un secret de bonne santé.

5 ÉVALUATION

Durée

55 minutes.

Compétence

Réinvestir les notions étudiées lors des séances précédentes.

Matériel

Feuilles d'évaluation.
▷ DOCS 8, 9

DÉROULEMENT

ÉVALUATION

Pour fixer les notions vues, on procède à une évaluation.

AU CP : ▷ DOC 8

Au CE1 et au CE2 : ▷ DOC 9

COMMENT COMPOSER UN MENU ÉQUILIBRÉ ?

Évaluation CP

1. Colorie en rouge les aliments qui proviennent des animaux et en vert les aliments qui proviennent des plantes.

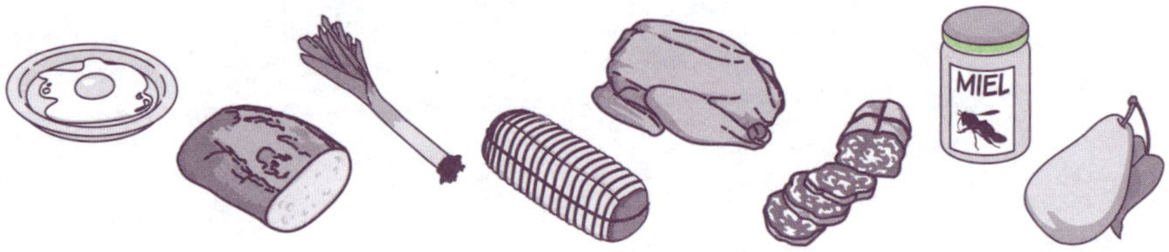

2. Barre ce qui est faux.

On doit manger des fruits et des légumes au moins à chaque repas.

On peut se passer de petit déjeuner.

On doit éviter de manger trop de sucreries.

L'eau est la seule boisson indispensable.

3. Entoure le menu le mieux équilibré.

MENU 1	MENU 2
Salade de tomates	*Saucisson sec*
Poulet grillé *Haricots verts*	*Tartiflette* *Salade verte*
Crème au chocolat	*Glace à la vanille*
Boisson : eau	*Boisson : eau*

COMMENT COMPOSER UN MENU ÉQUILIBRÉ ?
Évaluation CE1-CE2

1. Écris le nom de chaque aliment dans la case qui convient.

Vient d'une plante (origine végétale)	....
Vient d'un animal (origine animale)	....
Vient de la Terre (origine minérale)	....

2. Contrôle l'équilibre alimentaire des menus choisis par Lucie et Samy. Aide-toi de la classification des aliments.

a) Le menu de Lucie est-il équilibré ? Justifie ta réponse.

....

....

....

b) Le menu de Samy est-il équilibré ? Justifie ta réponse.

....

....

....

3. a) Relie comme il convient.

Nom du repas	Moment de la journée
Dîner •	• Matin
Petit déjeuner •	• Soir
Goûter •	• Midi
Déjeuner •	• Après-midi

b) ***Niveau des élèves les moins autonomes***
Découpe les étiquettes de ton choix et compose deux menus équilibrés. Tu peux utiliser les étiquettes ci-dessous.

MENU 1	*MENU 2*

Niveau des élèves les plus autonomes
Compose deux menus : un menu pour le midi et un menu pour le soir.
Attention ! Le dîner doit être plus léger que le déjeuner.
Prends soin de choisir des aliments variés. Tu peux utiliser les étiquettes ci-dessous.

Déjeuner	**Dîner**

Étiquettes à distribuer aux élèves

Pain	Eau	Tomates	Soupe
Gâteau au chocolat	Poulet	Poisson	Carottes râpées
Pomme	Jus de fruits	Riz	Tranche de jambon
Yaourt	Glace à la vanille	Fromage	Salade
Haricots verts	Frites	Clémentine	Banane

6 POURQUOI MANGEONS-NOUS ?

Durée

Prévoir deux séances de 55 minutes.

Objectifs de connaissances

- *Connaître les apports alimentaires.*
- *Étudier les besoins de l'organisme.*

Matériel

- *Feuille photocopiée.*

▷ DOC 10

- *Feuille d'évaluation.*

▷ DOCS 11, 12

DÉROULEMENT

PREMIÈRE SÉANCE

L'APPORT ALIMENTAIRE

▶ Travail collectif

L'enseignant dirige un échange à l'oral autour des points suivants :
– Pourquoi mangeons-nous ?
– Qu'est-ce qu'apportent les divers groupes d'aliments ?
– À quoi servent les aliments que nous mangeons ?
Réponse attendue : *« À grandir, à courir vite, à jouer au foot. »*
L'enseignant conduit les élèves à la conclusion suivante : « Notre corps est comme une maison : il faut le **bâtir** (le construire) et ensuite **lui donner de l'énergie**. Dans ces deux cas, ce ne sont pas toujours les mêmes matériaux qui sont nécessaires. »
– Les matériaux de construction : l'enfant qui grandit doit apporter à son corps des éléments indispensables à la croissance des os, des muscles et des organes. On appelle ces éléments **des aliments bâtisseurs**.
– Les matériaux énergétiques : quand et pourquoi notre corps a besoin d'énergie ? L'enfant qui joue, fait des activités sportives et se fatigue doit apporter à son corps des éléments indispensables aux efforts qu'il fournit. On appelle ces éléments **des aliments énergétiques**.

L'enseignant relance le débat avec la question suivante : « On a dit que notre corps avait besoin d'aliments pour grandir mais aussi qu'il avait besoin d'énergie. A-t-il besoin d'autre chose ? Parfois, dans une maison, vous avez des travaux à faire, pourquoi ? N'est-ce pas la même chose pour notre corps, ne doit-on pas l'entretenir ? Comment ? Pourquoi ? »
Réponse attendue : *« Pour ne pas être malade. »*
L'enfant doit protéger son corps, l'aider à se défendre et à résister à la maladie, au froid, à la pollution. Pour cela, il a besoin **d'aliments protecteurs**.
Les termes « bâtisseurs », « énergétiques » et « protecteurs » n'ont pas à être mémorisés par les élèves.

LE RÔLE DES ALIMENTS

▶ Travail individuel

Distribution de la feuille d'exercice ci-dessous. Les élèves doivent distinguer les différents types d'aliments (bâtisseurs, énergétiques, protecteurs).

Découpe les dessins représentant divers aliments et colle-les au bon endroit dans le tableau.

Aliments qui donnent de la force : pain, pâtes, riz, matières grasses	Aliments qui permettent de grandir : viandes, poissons, œufs, lait, produits laitiers	Aliments qui font bien fonctionner ton corps : fruits, légumes

DOC 10

SYNTHÈSE ET TRACE ÉCRITE

Après débat et acceptation par l'ensemble de la classe, une trace écrite est proposée par l'enseignant.

Le rôle des aliments

– Les aliments **bâtisseurs** nous font grandir, développent nos muscles et notre cerveau, solidifient nos os et nos dents. Ce sont les viandes, le lait, le poisson, les œufs…

– Les aliments **énergétiques** nous permettent de marcher, de jouer, de travailler et de réfléchir, de nous dépenser au maximum ; ils nous donnent des forces. Ce sont le sucre, le pain, les céréales, le riz, les pâtes, l'huile…

– Les aliments **protecteurs** favorisent le bon fonctionnement de notre corps ; ils le protègent en l'aidant à se défendre et à résister aux maladies, aux pollutions, au froid. Ce sont les légumes, les fruits, les laitages…

– L'eau est indispensable à notre alimentation.

Nutriments et nutrition

*On appelle **nutriments** les substances alimentaires pouvant être assimilées par l'organisme après digestion. La nutrition constitue l'assimilation et l'utilisation des aliments pour assurer le développement de l'organisme et répondre à ses besoins en énergie.*

On distingue :

– Les protéines, les lipides et les glucides, nutriments énergétiques intervenant, pour les deux premières catégories, dans la construction et l'entretien de l'organisme avec les sels minéraux.

– Les vitamines, indispensables au fonctionnement de l'organisme et qu'il ne peut fabriquer.

– Les fibres alimentaires ayant un rôle de protection et de régulation.

– L'eau qui est le nutriment le plus indispensable.

Nutriments et aliments

Famille 1 : Boissons

L'eau est la seule boisson indispensable.

Famille 2 : Légumes et fruits

Riches en vitamines, en minéraux et en fibres. Les légumes sont recommandés crus ou cuits, frais, surgelés ou en conserve. On préférera les fruits entiers aux jus de fruits. On conseille de consommer chaque jour 5 portions de fruits et légumes.

Famille 3 : Lait et produits laitiers
Riches en protéines, en vitamines B et en calcium. Il est recommandé de consommer une forme de produit laitier trois fois par jour.

Famille 4 : Pain, pâtes, pommes de terre, riz, haricots, autres céréales
Riches en glucides (amidon), protéines, vitamines B, minéraux, fibres. On conseille leur consommation au moins trois fois par jour, à chaque repas.

Famille 5 : Viandes, œufs, poissons
Riches en protéines, en fer et en vitamines B. On conseille d'en manger au moins une fois par jour.

Famille 6 : Matières grasses
Riches en lipides, en vitamines A, D et E et en acides gras essentiels. Il est recommandé de varier et de limiter leur consommation.

Famille 7 : Sucres et produits sucrés
Ne sont pas nécessaires à notre équilibre alimentaire. À consommer avec modération, pour le plaisir.

SECONDE SÉANCE

ÉVALUATION

Pour fixer les notions vues, on procède à une évaluation.

Au CP : ▷ DOC 11

Au CE1 et au CE2 : ▷ DOC 12

LE RÔLE DES ALIMENTS DANS UNE ALIMENTATION ÉQUILIBRÉE

Évaluation CP-CE1-CE2

Pour les CP-CE1-CE2

1. Entoure les aliments qui permettent de grandir.

Pour les CP

2. Il faut manger un aliment de chaque groupe à chaque repas pour avoir une alimentation équilibrée. Colorie en jaune les menus équilibrés : boissons et corps gras sont compris dans les 4 menus.

• Betterave • Poulet • Frites • Salade • Yaourt	• Charcuterie • Bifteck • Pommes de terre • Gâteau de riz	• Tomates • Saumon • Riz • Fromage • Fruit	• Radis • Œufs à la coque • Pâtes • Salade • Gruyère

Pour les CE1-CE2

• Niveau des élèves les moins autonomes

Vrai ou faux ?	Vrai	Faux
– J'adore le saucisson : je peux en manger tous les jours.	☐	☐
– Je peux manger un petit peu toute la journée si j'ai faim.	☐	☐
– Mon repas doit être varié et je dois éviter qu'il soit trop gras.	☐	☐
– Je dois éviter de manger trop sucré.	☐	☐

• Niveau des élèves les plus autonomes : exercice supplémentaire

Vrai ou faux ?	Vrai	Faux
– On peut boire autant de jus de fruits et de sodas que l'on veut.	☐	☐
– Il faut manger du poisson plusieurs fois par semaine.	☐	☐
– Les légumes sont indispensables à une bonne alimentation.	☐	☐
– Les fruits frais ont les mêmes qualités que les crèmes et les gâteaux.	☐	☐
– Il faut manger des produits laitiers trois fois par jour.	☐	☐
– Le yaourt est un produit laitier.	☐	☐

7 DÉCOUVRIR LE TRAJET DES ALIMENTS DANS NOTRE CORPS

Durée

55 minutes.

Objectif de connaissances

Découvrir le trajet des aliments dans notre corps.
Ce travail est destiné en priorité aux élèves de CE.
On peut envisager une ébauche au CP. Les notions abordées se travaillent tout au long de l'école primaire et au-delà...

Matériel

- *Une fiche où les élèves notent ce qu'ils mangent au petit déjeuner.* ▷ DOC 13
- *Une fiche de la silhouette du corps humain par élève.* ▷ DOC 14
- *Une fiche agrandie par groupe.*

DÉROULEMENT

Demander aux enfants de noter tous les jours sur une feuille pendant une semaine ce qu'ils mangent au petit déjeuner. ▷ DOC 13
Si vous envisagez ce projet en début d'année avec des CP, prévoyez des images à découper et à coller sur un tableau de la semaine. Ces images représenteront tout ce que les enfants peuvent prendre au cours de ce repas (lait, chocolat, céréales de petit déjeuner, croissant, pain, pain au chocolat, blinis, miel, beurre, confiture, etc.). Vous les trouverez facilement sur Internet en recherchant les mots adéquats.
On aurait pu demander aux élèves de découper des images dans des publicités mais, par expérience, nous nous apercevons que tous les enfants n'ont pas toujours le matériel adequat. Il est préférable de tout préparer.

RECUEIL DE CE QUE LES ÉLÈVES ONT MANGÉ AU PETIT DÉJEUNER

▸ Travail collectif

Le maître demande : « Ce matin, au petit déjeuner, qu'est-ce que vous avez mangé ? »
Au fur et à mesure, il note les réponses au tableau puis pose la question suivante : « Comment pourrait-on classer l'ensemble des aliments écrits au tableau ? »
La notion attendue est une distinction entre solides et liquides.

▸ Travail en groupe de quatre

Chaque groupe fait un tableau à partir de son enquête sur les petits déjeuners de la semaine en suivant le classement précédent (solides, liquides).

REPRÉSENTATION INDIVIDUELLE DU TRAJET D'UN ALIMENT

▸ Travail individuel

– Distribuer une fiche du corps humain à chaque élève. ▷ DOC 14

– Dire aux élèves qu'ils doivent répondre à la question : « Que deviennent les aliments que vous avez mangés au petit déjeuner ? » par un dessin légendé si possible.
– Inviter ceux qui le souhaitent à écrire en plus un petit texte explicatif.

REPRÉSENTATION PAR GROUPE

▶ Travail en groupe de quatre

– Distribuer une fiche agrandie du corps humain par groupe. ▷ DOC 14
– Dire aux élèves qu'ils vont réaliser le même travail que précédemment, mais en groupe, et que la production finale sera celle du groupe et non celle d'un seul élève. Ils doivent donc échanger, comparer, discuter à partir de leurs productions individuelles et de cette confrontation naîtra la production du groupe.

MISE EN COMMUN DES PRODUCTIONS

▶ Travail collectif

Afficher les productions des différents groupes au tableau.
Demander à chaque rapporteur de venir expliquer le schéma de son groupe.
Questionner les élèves pour faire émerger les éléments de différence ou de ressemblance des schémas.
Il n'y aura pas de résumé pour cette séance parce que l'enseignant aura seulement fait émerger des représentations initiales qui ne sont pas forcément justes. Ces représentations servent de point de départ pour la suite.

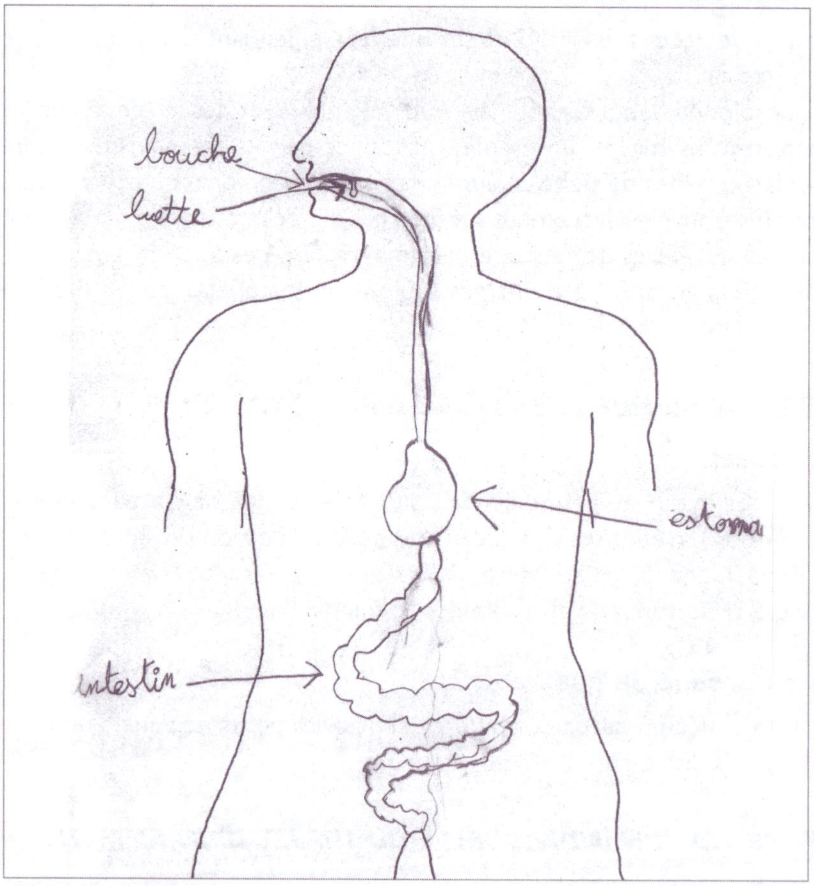

Que deviennent les aliments que nous mangeons ?
Un exemple de production d'élève

8 LA CAVITÉ BUCCALE (1)

Durée

55 minutes.

Compétence

• Nommer les différentes parties du tube digestif.

Objectif de connaissances

Le trajet des aliments dans notre corps :
– notion de tube digestif ;
– constitution du tube digestif : bouche, œsophage, estomac, intestin grêle, gros intestin, anus.

Matériel

• Les productions des différents groupes de la séance précédente.
• Du pain ou des petits gâteaux.
• Deux verres.
• De l'eau.
• Un filtre à café.
• Une cuillère.

DÉROULEMENT

CONSEIL POUR L'ENSEIGNANT

Avant toute chose, l'enseignant vérifie qu'aucun enfant n'est soumis à un régime alimentaire particulier (allergie au gluten ou autres substances, voir la circulaire n° 2002-004 du 3 janvier 2002 sur le cédérom).

RÉACTIVATION DE LA SÉANCE PRÉCÉDENTE

▸ Travail oral collectif

– Affichage des productions des groupes réalisées lors de la séance précédente.
– Recherche collective des différences et analogies.
– Hypothèses sur le trajet possible des aliments.

RECHERCHE DU TRAJET D'UN ALIMENT

▸ Travail individuel

Distribuer aux enfants un morceau de pain ou de gâteau.
Avant de commencer l'expérience, bien expliquer ce que vous attendez :
« Vous allez mettre l'aliment que je vous ai donné dans la bouche et surtout vous allez bien le mâcher. Vous pourrez ensuite le manger... Allez-y ! »

▸ Travail en groupe de quatre

Dès que les enfants ont mastiqué et avalé leur aliment, demander : « Que s'est-il passé dès que vous avez mis le pain dans la bouche ? Comment avez-vous fait pour avaler le pain ? »

MISE EN COMMUN

Il doit ressortir de cette mise en commun que :
– les élèves se sont servis de leurs dents pour mâcher ;

– de la salive est apparue pour liquéfier le contenu de la bouche ;
– que la langue aide à avaler les aliments.

Le rôle de la salive est bien mis en valeur avec le pain. Elle fait ressortir dans un premier temps toutes les saveurs du pain puis, dans un second temps, le changement agréable du goût.

Si un groupe évoque le trajet des aliments dans l'œsophage et dans l'estomac, dire : « C'est bien de l'avoir remarqué, nous verrons la suite du trajet lors d'une séance suivante. »

EXPÉRIMENTATION

Travail oral collectif

Demander aux enfants de reproduire le phénomène de mastication en prenant en compte le rôle de la salive.

Les élèves formulent les hypothèses suivantes : *« La salive est comme de l'eau. La bouche, c'est un verre. »*

Proposer aux élèves de faire tremper un morceau de pain dans un verre d'eau.

Attendre quelques minutes. Que se passe-t-il dans le verre ?

« Le pain ressemble à de la bouillie, comme dans la bouche. C'est le bol alimentaire. »

Sortir le pain avec une cuillère. Demander aux élèves de filtrer l'eau qui reste.

Observation de l'eau après filtrage. De quelle couleur est-elle ?

« Elle est blanchâtre. L'eau a joué le rôle de la salive pour ramollir et commencer à dissoudre le pain. »

Schématiser l'expérience.

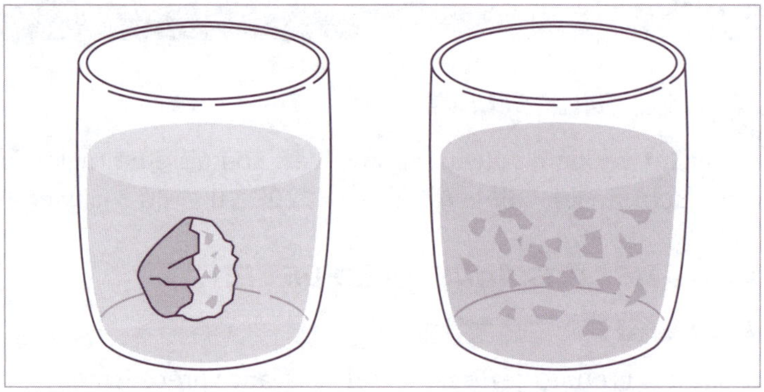

Le pain dans l'eau — *L'eau après filtrage*

SYNTHÈSE ET TRACE ÉCRITE

Après débat et acceptation par l'ensemble de la classe, une trace écrite est proposée par l'enseignant.

Dans la bouche, les aliments sont mastiqués, coupés en petits morceaux et écrasés par les dents.

La salive est un liquide qui les humidifie.

La bouillie faite par les dents et la salive s'appelle le bol alimentaire.

La langue aide à pousser le bol alimentaire vers le fond de la bouche pour l'avaler.

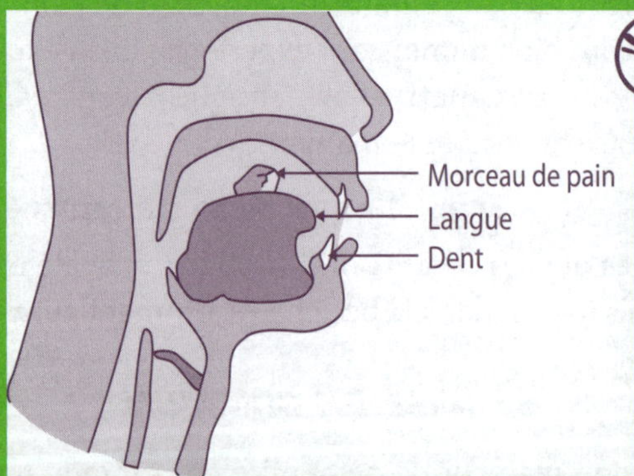

La mastication du pain

DOC 15

Informations élémentaires sur la digestion

• *Dans la bouche, les aliments passent par 5 phases*

– Ils sont reconnus par nos sens (le goût).
– Ils sont brisés mécaniquement par nos dents.
– Ils sont humidifiés par notre salive.
– Ils forment le bol alimentaire.
– Ils sont avalés par des muscles qui servent à déglutir.

• *La mastication*

C'est le broyage des aliments dans notre bouche sous l'action de nos dents et des muscles masticateurs des joues.
Nos dents jouent un rôle important :
– les incisives permettent de couper les aliments ;
– les canines permettent de déchirer les aliments ;
– les prémolaires permettent de scier les aliments ;
– les molaires permettent de broyer les aliments.
Les aliments sont réduits en tout petits morceaux.

• *La salive est produite par les glandes salivaires*

Plusieurs éléments entrent dans la composition de la salive :
– L'eau pour humidifier et agglomérer les aliments.
– L'amylase pour la digestion de l'amidon.
– Le mucus pour rendre les aliments visqueux et pour protéger la cavité buccale.
– Des substances bactériennes pour nous protéger.

• *La déglutition*

C'est le passage dans l'œsophage du bol alimentaire composé dans la bouche.
– Il y a fermeture des fausses nasales pour empêcher la remontée des aliments dans le nez.
– Il y a remontée du larynx pour fermer la glotte par l'épiglotte et empêcher les aliments d'aller dans la trachée artère.
– Il y a ouverture du sphincter œsophagien supérieur qui permet le glissement du bol alimentaire dans l'œsophage.

• *La digestion au niveau de l'estomac*

Le bol alimentaire arrivant dans l'estomac se transforme par 5 facteurs successifs en « chyme » qui sera assimilable par l'intestin grêle :
• une action de la vitamine 12 ;
• une digestion mécanique où, par contraction de l'estomac, le bol alimentaire est malaxé ;
• une action bactérienne ;
• une action chimique (dont celle de l'acide chlorhydrique, de la pepsine et de la lipase gastrique) ;
l'inactivation de l'amylase salivaire.

– Le chyme passe dans le duodénum puis dans l'intestin grêle où la digestion continue. La partie non assimilée par l'organisme termine son trajet dans le gros intestin et s'évacue par l'anus.

9 LA CAVITÉ BUCCALE (2)

Durée

55 minutes.

Objectifs de connaissances

- *Découvrir le trajet des aliments dans notre corps :*
– notion de tube digestif ;
– constitution du tube digestif : la bouche, les dents, la langue.
- *Nommer les différentes parties du tube digestif.*

Matériel

- *Une feuille pour l'évaluation des élèves en début de séance.* ▷ DOCS 16, 17
- *De la pâte à modeler alimentaire.*
- *Du carton.*
- *Du plâtre.*
- *Un verre en plastique.*
- *De l'eau.*

DÉROULEMENT

CONSEIL POUR L'ENSEIGNANT

Avant toute chose, l'enseignant vérifie qu'aucun enfant n'est soumis à un régime alimentaire particulier (allergie au gluten ou autres substances, voir la circulaire n° 2002-004 du 3 janvier 2002 : ▷ DOC 74 sur le cédérom).

RÉACTIVATION

▸ Travail oral collectif

Rappel de la séance précédente sur la digestion du pain, le rôle des dents, de la salive et de la langue. Ce moment peut être l'occasion de faire une rapide évaluation en donnant aux élèves la feuille utilisée pour la trace écrite de la séance précédente, mais sans les légendes. Les enfants doivent la compléter.

Pour les CP : ▷ DOC 16 **Pour les CE1-CE2 :** ▷ DOC 17

RECHERCHE DU RÔLE DE LA CAVITÉ BUCCALE

▸ Travail en groupe de quatre

Demander de regarder dans la bouche de son camarade.

Il peut y avoir des réactions sur la propreté de la bouche et des dents de certains. Cela peut être un moment pour évoquer l'hygiène dentaire ou préciser que l'on parlera de ce problème lors d'une séance ultérieure.

Que voit-on dans la bouche de son voisin ?

Demander de dessiner ce qui est vu.

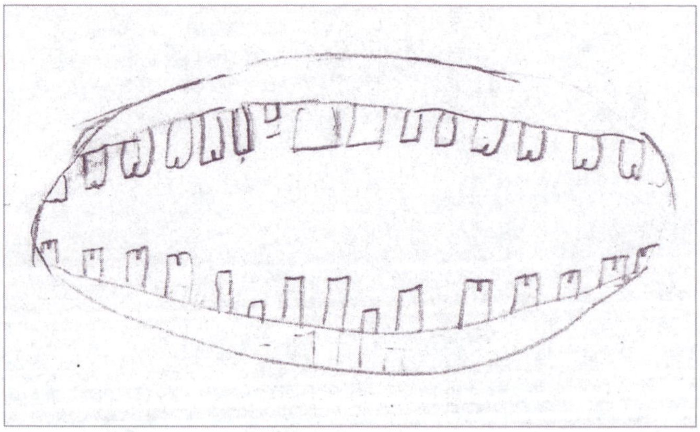

Un exemple de schéma réalisé par un élève

▶ Mise en commun

Il doit ressortir de cette mise en commun les points suivants :
- Nous voyons la langue.
- Nous voyons quelque chose qui pend au fond de la bouche (la luette).
- Nous voyons des dents qui ne sont pas toutes identiques.

▶ Travail individuel

Distribuer le schéma ci-contre et le compléter avec les mots suivants : la langue, les dents, la luette.

Pour les CP : ▷ DOC 18

Pour les CE1-CE2 : ▷ DOC 19

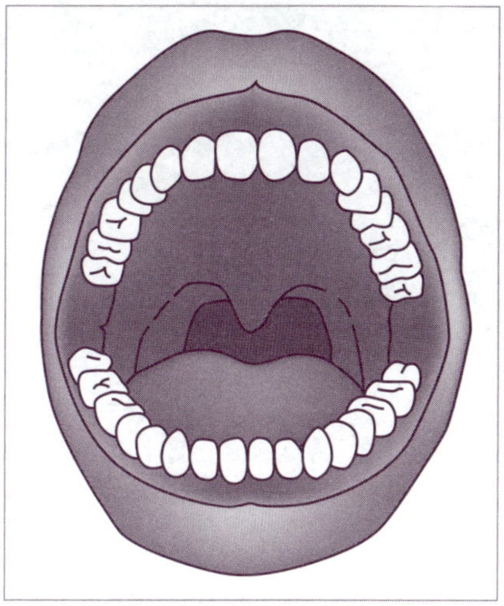

La cavité buccale d'un adulte

➲ *RECHERCHE DU RÔLE DES DENTS*

▶ Travail en groupe de quatre

Lors de l'observation précédente, les enfants ont vu qu'il y avait plusieurs sortes de dents. Si ce n'est pas le cas, leur poser alors la question suivante : « Est-ce que toutes les dents sont identiques ? » puis leur demander de regarder une nouvelle fois dans la bouche de leur voisin.
Réponse attendue : *« Il y en a des petites, des grosses, des pointues. »*
Le maître demande ensuite : « Avons-nous le même nombre de dents ? »
Les enfants se mettent à compter celles du voisin. En CP jusqu'au CM2 et même après, le nombre de dents varie. C'est le temps des dents de lait (20 dents chez l'enfant de 6 ans pour arriver à 32 chez l'adulte).

▶ Conseil pour l'enseignant

Prévoir un temps d'échange sur « la perte des dents » et signaler simplement qu'il existe une dentition enfant et une dentition adulte définitive.

➲ *EXPÉRIMENTATION*

▶ Travail individuel

- Découper deux morceaux de carton ayant la même forme et la même taille que la bouche des enfants (forme ovale).
- Faire deux galettes de pâte à modeler alimentaire d'environ 1 cm d'épaisseur de forme similaire.
- Mettre une galette sur chacun des cartons.
- Demander aux élèves de prendre un des deux montages, de mettre la pâte à modeler vers le haut de la bouche et de mordre bien fort. L'enseignant doit aider les enfants qui ont une appréhension.
- Décoller le montage des dents et le sortir de la bouche.
- Le mettre délicatement sur la table.
- Recommencer la même opération en mettant la pâte à modeler sur les dents du bas.

On obtient ainsi les empreintes de la dentition complète de chaque enfant.

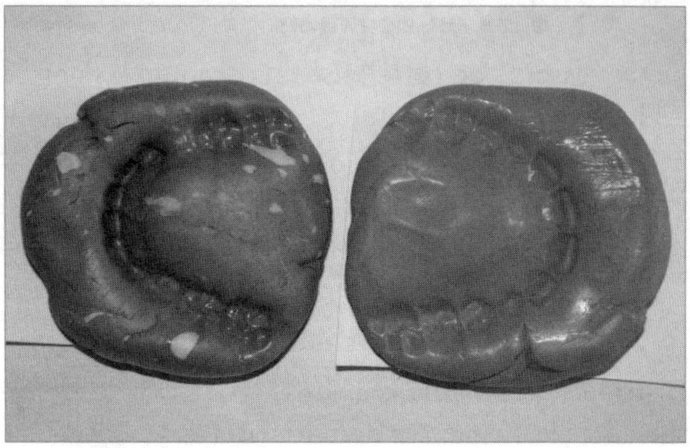

On réalise les empreintes de la dentition complète de chaque enfant

Puis on demande à chaque enfant de faire un schéma de ce qu'il voit.

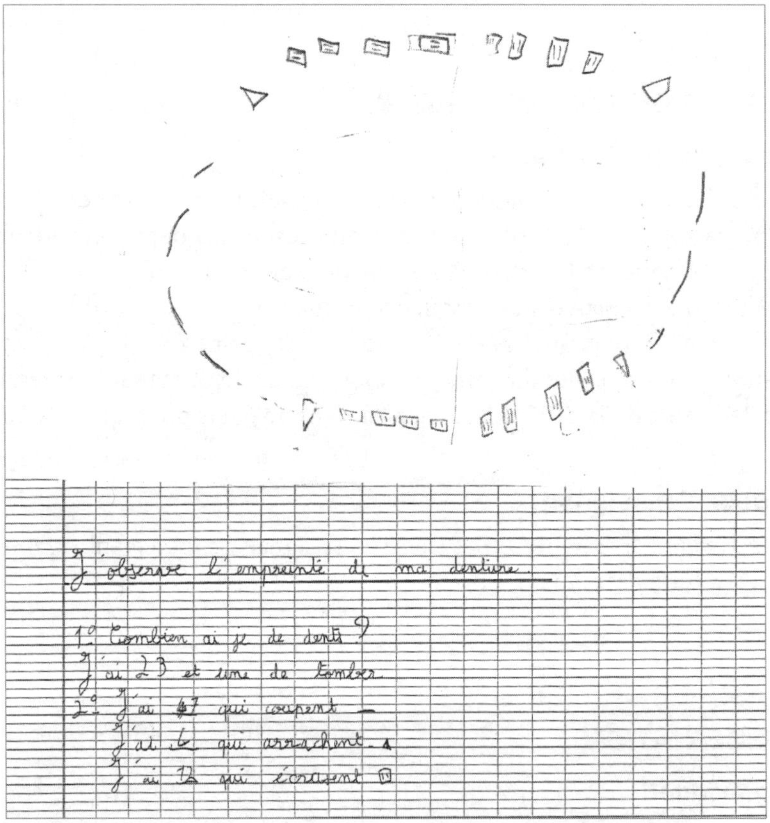

Une production d'élève

▶ Travail en groupe de quatre

Mettre en commun tous les moulages et observer si les empreintes de dents sont toutes identiques.
- Combien d'empreintes différentes distinguez-vous ?
- Savez-vous comment s'appellent vos dents ?

Il est difficile de demander un schéma aux enfants à ce stade.
Par écrit, ils pourront juste dire que toutes les empreintes ne sont pas identiques. Ils peuvent distinguer 3 ou 4 formes différentes et donner le nom des dents qu'ils connaissent.

SYNTHÈSE ET TRACE ÉCRITE

Après débat et acceptation par la classe, une trace écrite est proposée par l'enseignant :

- Nous voyons 3 (ou 4) empreintes différentes.
- Sur chaque mâchoire, nous avons
4 incisives, 2 canines, 4 prémolaires.

EXPÉRIMENTATION

Travail individuel

Vous allez demander aux enfants de réaliser un moulage complet de leur dentition à partir des empreintes faites précédemment.

– Mettre les empreintes (carton-pâte à modeler) sur un support dur.
– Entourer chaque empreinte d'une bande de carton qui aura environ 3 cm de hauteur et la coller.
– Préparer du plâtre avec de l'eau dans un verre en plastique (suivre les indications qui sont écrites sur le sac).
– Dès que la colle est sèche, verser le plâtre dans le montage.
– Laisser sécher le plâtre puis démouler.

Ce montage sera exploité lors de la prochaine séance.

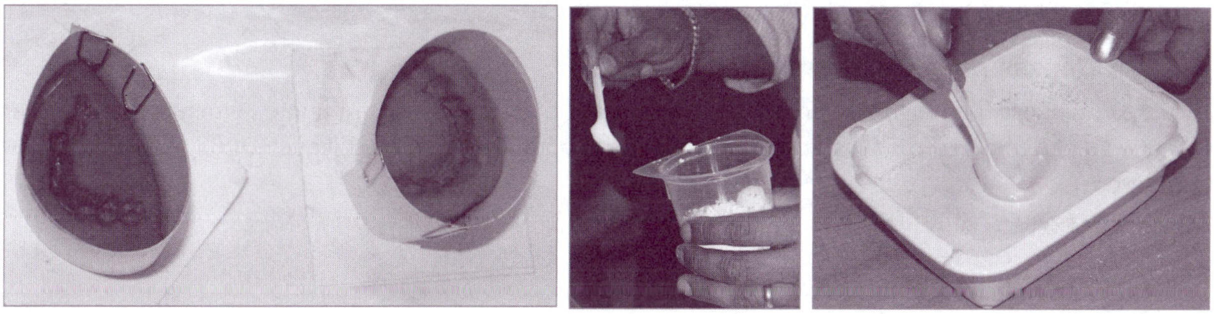

Les élèves réalisent le moulage de la dentition

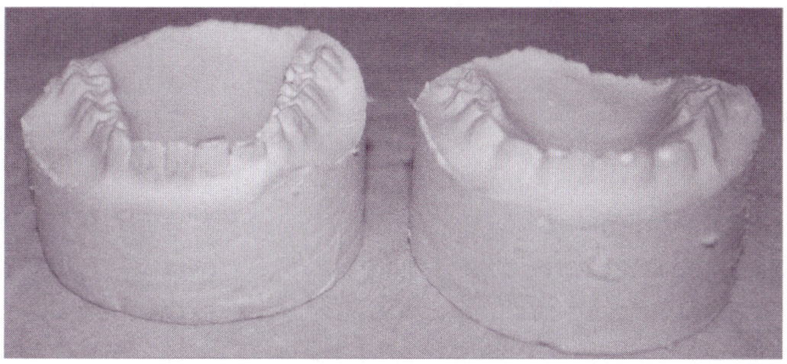

Le moulage après séchage du plâtre

La dentition de lait et la denture définitive

1. Les dents de lait : elles poussent entre 6 mois et 3 ans et tombent entre 6 et 11 ans. Elles sont au nombre de 20. Elles ne comportent pas de prémolaires. Elles se répartissent ainsi : 8 incisives, 4 canines, 8 molaires.

2. La denture définitive : elle comporte de 28 à 32 dents. Elle se développe entre 6 et 20 ans. Elle remplace en partie les dents de lait (incisives, canines et prémolaires qui se substituent aux molaires de l'enfant). S'y ajoutent les molaires adultes. Les dernières molaires (dents de sagesse) peuvent se développer ou non entre 18 et 20 ans. Voici donc la formule dentaire des adultes : 8 incisives, 4 canines, 8 prémolaires, 8 molaires (pour tous) + 4 molaires (c'est-à-dire 4 dents de sagesse pour certain(e)s).

10 LE RÔLE DES DENTS

Durée

55 minutes.

Objectif de connaissances

Le trajet des aliments dans notre corps :
– le rôle des dents ;
– la constitution du tube digestif : la bouche, les dents, la langue.

Matériel

- *Le moulage des mâchoires de chacun des élèves.*
- *Du pain ou des gâteaux.*
- *De la pâte à modeler alimentaire.*

DÉROULEMENT

RÉACTIVATION

▶ Conseil pour l'enseignant

Avant toute chose, l'enseignant vérifie qu'aucun enfant n'est soumis à un régime alimentaire particulier (allergie au gluten ou autres substances, voir la circulaire n° 2002-004 du 3 janvier 2002 : ▷ DOC 74 sur le cédérom).

▶ Travail oral collectif

– Affichage des productions des groupes et présentation des moulages. Les enfants ont également sous les yeux les traces écrites des séances précédentes pour mieux se les remémorer.
– Rappel par les enfants de la séance précédente.
– Hypothèses sur le rôle de chaque catégorie de dents : chacune a un rôle dans la digestion.

RECHERCHE DU RÔLE DE CHAQUE DENT

▶ Travail en groupe de quatre

– Distribuer un morceau de pain ou de gâteau à chaque enfant.
Avant de commencer l'expérience, bien expliquer ce que vous attendez :
« Vous allez mettre l'aliment que je vous ai donné dans la bouche et surtout vous allez bien le mâcher. Vous pourrez ensuite le manger. Allez-y ! »
– Dès que les enfants ont mastiqué et avalé leur aliment, demander : « Quel est le rôle de chacune de vos dents ? Quelle sensation avez-vous eue ? Les dents du fond font-elles le même travail que les dents de devant ? »
Pour s'aider, les élèves auront à côté d'eux le moulage de leur mâchoire.
– Demander aux élèves de faire plusieurs petits boudins de pâte à modeler.

– Prendre le moulage d'une mâchoire et faire les expériences suivantes :
- Mettre un boudin entre les incisives et appuyer les deux mâchoires :
– Que s'est-il passé ?
– Qu'avez-vous vu ?
– Quel est le rôle des incisives ?
- Faire de même avec les canines, les prémolaires et les molaires.

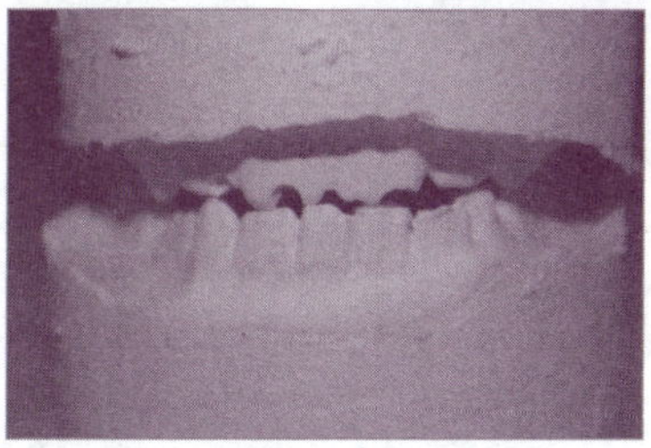

Le moulage de la mâchoire

MISE EN COMMUN

Il ressort de cette mise en commun la constatation qu'il existe plusieurs sortes de dents : les incisives, les canines, les prémolaires et les molaires. Les élèves repèrent que les incisives servent à trancher les aliments, les canines à les déchiqueter, les molaires et les prémolaires à les broyer.
L'enseignant doit conduire les enfants à utiliser le vocabulaire approprié : « aplatir les aliments, couper, déchirer, trancher, broyer, etc. » Ces mots sont à la portée des enfants et font partie de leur langage.

SYNTHÈSE ET TRACE ÉCRITE

Après débat et validation par la classe, une trace écrite est proposée par l'enseignant :

DOC 20

– Les incisives sont plates et coupantes comme un couteau. Elles servent à trancher les aliments.

– Les canines, rondes et pointues, servent à déchiqueter les aliments.

– Les prémolaires et les molaires, rondes et plates, servent à broyer les aliments.

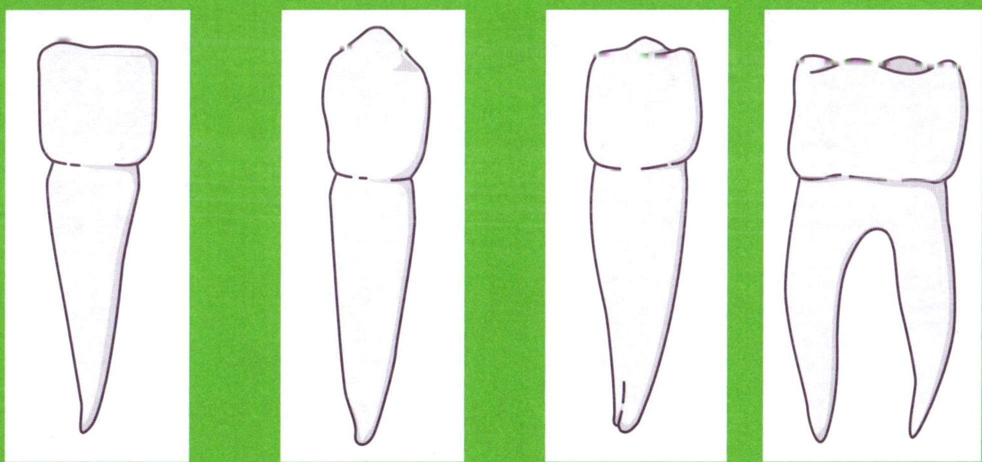

▸ Conseil pour l'enseignant

Cette trace écrite doit permettre une première réflexion avec les élèves sur l'existence de « la partie des dents » non visible sur les moulages. Quelle est sa fonction ? Introduire à ce propos le terme de **racines**. Il ne s'agit ici que d'une approche qui sera reprise plus tard dans la scolarité.

11 ÉVALUATION

Durée

55 minutes.
Prévoir une séance.

Compétence

Réinvestir les notions étudiées lors des séances précédentes.

Matériel

Une feuille d'évaluation pour chaque élève.
Pour les CP : ▷ DOC 21
Pour les CE1-CE2 :
▷ DOC 22

DÉROULEMENT

ÉVALUATION

LA CAVITÉ BUCCALE

Évaluation

1. Nomme les différentes parties de la cavité buccale :

la langue	la luette
les molaires	les prémolaires
les canines	les incisives

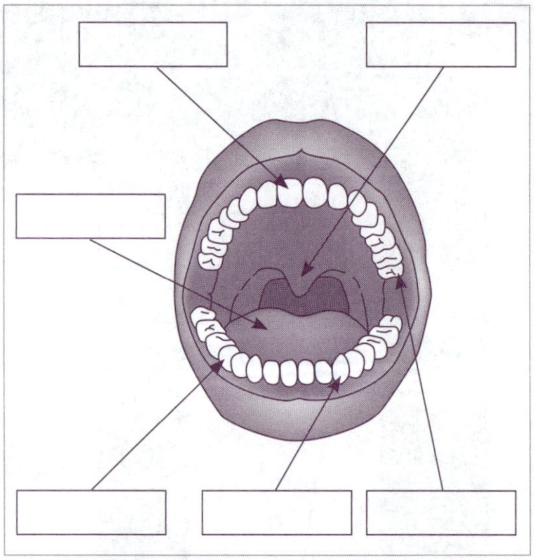

La cavité buccale

CP : Découpe les étiquettes et colle-les au bon endroit.
CE1-CE2 : Écris les légendes du schéma dans les cases.

2. Complète le texte avec les mots suivants :
les dents – le bol alimentaire – la langue – la salive.

Dans la bouche, les aliments sont mastiqués, coupés en petits morceaux et écrasés par ....

.... est un liquide qui les humidifie.

La bouillie faite par les dents et la salive s'appelle ....

.... aide à pousser le bol alimentaire vers le fond de la bouche pour l'avaler.

3. Complète le tableau :

Le rôle de chacune de nos dents

Les dents	Comment s'appellent-elles ?	Le rôle de chacune
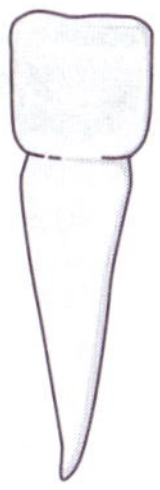		

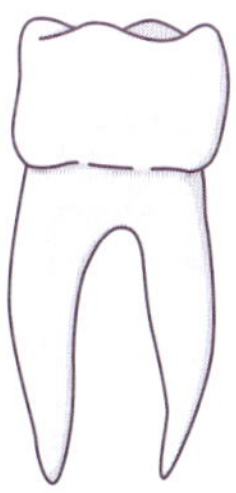		

CP : Découpe les étiquettes et colle-les dans le tableau.
CE1-CE2 : Complète le tableau en écrivant dans les cases.

les molaires	les canines	les prémolaires	les incisives
couper	broyer	déchiqueter	broyer

12 L'APPAREIL DIGESTIF

Durée

1 séance de 55 minutes.

Objectif de connaissances

Le trajet des aliments dans notre corps :
– notion de tube digestif ouvert aux extrémités ;
– constitution du tube digestif : bouche, œsophage, estomac, intestin grêle, gros intestin, anus.

Matériel

- *Un texte : « Le trajet des aliments. »*
- *Un schéma de l'appareil digestif par élève.*
▷ DOC 23
- *Un tableau à compléter pour la trace écrite.*
▷ DOC 24
- *De l'eau.*

DÉROULEMENT

RÉACTIVATION

▸ Travail oral collectif

Rappel de la séance 8 « Découvrir le trajet des aliments dans notre corps » (*cf.* p. 23).
Affichage des productions des enfants (c'est-à-dire leurs représentations sur le trajet possible des aliments).
Laisser les élèves s'exprimer.

RECHERCHE INDIVIDUELLE DU TRAJET D'UN ALIMENT

▸ Travail individuel

– Demander aux enfants de boire un verre d'eau.
– Les emmener dans la cour et les faire courir.
– Retourner en classe.
– Leur demander : « Qu'avez-vous ressenti en courant ? »
Réponses attendues : *« J'ai eu du mal à courir », « Je me sentais lourd », « Ça faisait des "glou-glou" en courant », « Je sentais l'eau dans mon ventre »*, etc.

▸ Travail en groupe de quatre

– Distribuer le schéma de l'appareil digestif. Donner la consigne suivante : « Essayez de tracer le trajet de l'eau dans votre corps avec un crayon bleu. Écrivez les légendes que vous connaissez. »

DOC 23

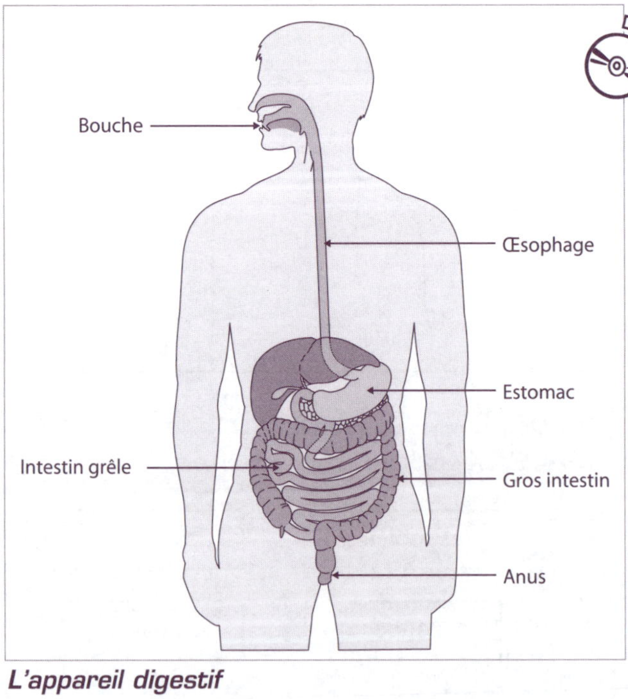

L'appareil digestif

Cette partie du travail permet aux élèves d'échanger sur le trajet de l'eau dans leur corps.
– Lecture silencieuse, puis en commun, du texte « Le trajet des aliments ».

DOC 24

Le trajet des aliments

Les aliments suivent le même trajet dans notre corps.
Après avoir été broyés et dissous dans **la bouche**, ils descendent dans **l'œsophage** et arrivent dans **l'estomac** où ils sont brassés pendant environ 8 heures.
Ils arrivent enfin dans **l'intestin grêle** qu'ils traversent en 7 heures environ. Ils terminent leur long voyage dans **le gros intestin** où 15 heures passent avant qu'ils ne soient totalement absorbés par le corps.
Les déchets (c'est-à-dire tout ce que nous n'avons pas pu digérer) sont évacués par **l'anus**.

– Demander aux élèves de bien relire le texte et d'essayer de comprendre le trajet des aliments puis de revenir sur le schéma qu'ils ont déjà essayé de compléter.
Les mots à utiliser pour les CP et les CE 1 sont : la bouche, l'œsophage (mot difficile mais les enfants aiment bien les mots bizarres), l'estomac, l'intestin grêle, le gros intestin, l'anus.
– Mise en commun.
– Mise en couleur du trajet des aliments.

TRACE ÉCRITE SOUS FORME D'UN NOUVEL EXERCICE

Travail individuel

– Reprendre le texte « Le trajet des aliments ».
– Le relire et compléter le tableau.
– Mise en commun.
Pour les CP, cette trace écrite est à compléter avec des étiquettes. Les CE1 écriront directement les mots manquants à l'intérieur du tableau.

DOC 24

Lis le texte « Le trajet des aliments » et complète le tableau.

Les étapes de la digestion	Lieu	Durée
1re étape		
2e étape		
3e étape		
4e étape		
5e étape		
6e étape		

la bouche	l'œsophage	l'estomac
l'intestin grêle	le gros intestin	l'anus

13 ÉVALUATION

DÉROULEMENT

ÉVALUATION

Pour fixer les notions vues, on procède à une évaluation.

Pour les CP ou les élèves moins autonomes : ▷ DOC 25

Pour les CE1 et les CE2 : ▷ DOC 26

LE TRAJET DES ALIMENTS DANS NOTRE CORPS

Évaluation CP

Découpe les étiquettes et colle-les à la bonne place.

Les aliments

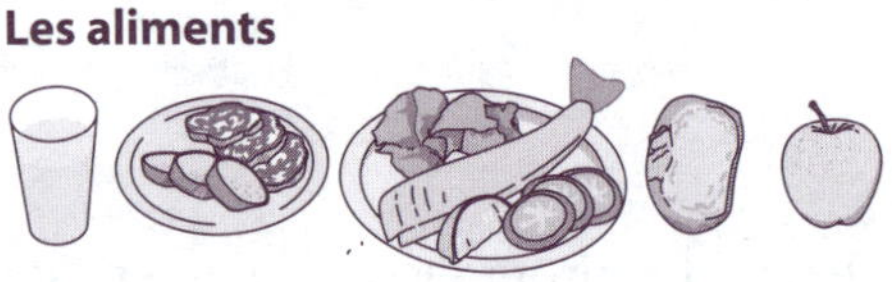

l'œsophage

l'intestin grêle

le gros intestin

la bouche

l'estomac

l'anus

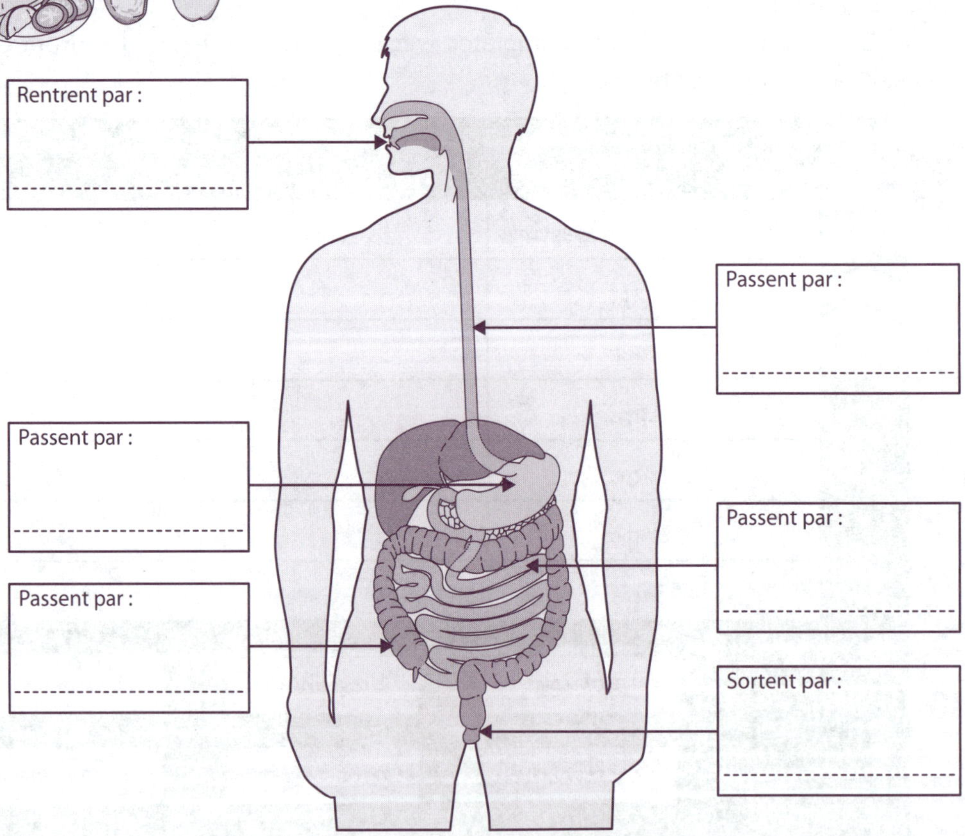

LA DIGESTION
Évaluation CE1-CE2

A très bon travail

Prénom : VA Date :

EVALUATION : l'appareil digestif et son rôle

1. Raconte le fabuleux voyage d'un aliment dès que tu le mets dans ta bouche.

Avec mes dents je broye, j'écrase, je déchire les aliments. Ça passe pendant quelque minutes dans un tuyau se nommant l'oesophage. L'oesophage mène les aliments (nutriments) dans l'estomac qui broye les aliments ça dure un peu près 8 heures. Huit heures passé dans l'estomac direction : l'intestin grêle qui sert à broyer encore une fois les aliments ça dure 7 heures

Les aliments digérés passe dans le foie

et ceux non digérés passe dans ~~l'intestin grêle~~

le gros intestin qui dure 15 heures à ~~un~~ peu près. Les aliments non digérés passe par l'anus.

2. Sur le schéma, nomme les différents organes lors de la digestion.

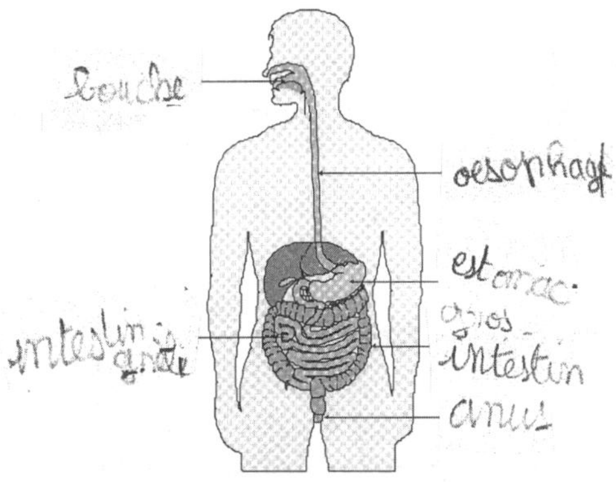

14 DÉCOUVERTE DE L'ALIMENTATION DES ANIMAUX

Durée

55 minutes.

Objectifs de connaissances

- *Approche des modes alimentaires des animaux.*
- *Approche des catégories des régimes alimentaires.*

Matériel

- *Feuilles blanches, crayons à papier, crayons de couleur, aimants (pour afficher) ou pâte adhésive.*
- *L'enseignant prépare des photos d'animaux plus ou moins familiers des enfants en nombre suffisant. Il leur demande également d'en apporter de leur côté.*
- *Différents ouvrages documentaires présentant l'alimentation des animaux (en classe ou en BCD).*

DÉROULEMENT

DÉCOUVERTE, REPRÉSENTATIONS INITIALES

Laisser les enfants regarder la documentation qu'ils ont apportée et celle fournie par l'enseignant.
Leur proposer de nommer certains animaux et de les décrire comme ils le souhaitent.
Demander aux élèves : « Avez-vous des animaux chez vous ? Avez-vous déjà vu des animaux ? Où ? » Leur permettre de s'exprimer ou d'entendre leurs camarades en sachant que certains enfants n'ont jamais eu l'occasion de quitter leur quartier.
On comprend en ce sens l'importance des sorties, enquêtes, élevages réalisés en classe, utilisation de vidéos de façon complémentaire, etc.

▸ Travail collectif oral

Retenir une liste d'animaux connus, par exemple le chien, le chat, l'abeille, le lapin, la vache, le lion, la poule...

RECHERCHE

▸ Travail en groupe de quatre

Dire aux élèves : « Nous avons parlé de différents animaux. Maintenant, nous allons nous intéresser à ce qu'ils mangent. »
Sur une feuille, les enfants doivent écrire en gros le nom d'un animal et noter sa nourriture (possibilité d'utiliser les étiquettes pour les plus jeunes).

CONFRONTATION DES RÉSULTATS

▸ Travail collectif

Les feuilles de travail réalisées par les élèves sont affichées au tableau et validées ou non par l'ensemble de la classe.

On peut faire un premier tri : « Que mangent les animaux dont le nom est affiché au tableau ? Quels sont les animaux qui mangent la même chose ? » Le maître trace des colonnes au tableau et range les feuilles des élèves en suivant leurs indications.

Ce premier travail donne lieu à vérification dans des encyclopédies ou ouvrages documentaires sélectionnés et apportés par le maître dans la classe ou dans le cadre d'une recherche dirigée en BCD.

SYNTHÈSE ET TRACE ÉCRITE

Après débat et acceptation par l'ensemble de la classe, une trace écrite est proposée par l'enseignant.

> Tous les animaux ne mangent pas la même chose. Par exemple, le chien et le chat mangent de la viande, le lapin et la vache mangent de l'herbe.

Régime végétarien et régime carnivore

Régime végétarien

- ***Les herbivores*** *Ils mangent de **l'herbe**.*
- ***Les granivores*** *Ils mangent des **graines**.*
- ***Les frugivores*** *Ils mangent des **fruits**.*
- ***Les nectarivores*** *Ils mangent le **nectar** des fleurs.*

Régime carnivore

- ***Les insectivores*** *Ils se nourrissent d' **insectes**.*
- ***Les piscivores*** *Ils se nourrissent de **poissons**.*
- ***Les charognards*** *Ils se nourrissent de **charognes**.*
- ***Les carnassiers*** *Ils se nourrissent de **chair crue**.*

15 LES RÉGIMES ALIMENTAIRES DES ANIMAUX (1)

Durée

55 minutes.

Objectifs de connaissances

- *Approche de la notion de régime alimentaire.*
- *Distinguer les catégories des régimes alimentaires.*

Matériel

- *Le même que lors de la séance précédente.*
- *Polycopiés.*

▷ DOCS 27, 28, 29, 30

DÉROULEMENT

RAPPEL DE LA SÉANCE PRÉCÉDENTE

Lors de la dernière séance, nous avons commencé à parler de ce que mangeaient les animaux. Demander aux enfants de se rappeler leurs premiers classements.

PHASE DE RECHERCHE

Consigne : « Essayez de retrouver ce que mangent ces animaux. »

▸ Travail individuel ou par deux (CP ou enfants les moins autonomes des CE1 et CE2)

Distribuer le polycopié (une feuille avec trois images d'animaux et une avec des images de l'alimentation de ces animaux). ▷ DOC 27

Les élèves disposent de différents ouvrages documentaires ; l'enseignant accompagne dans leurs recherches les enfants qui en éprouvent le besoin.

Consigne : « Découpez et collez dans la bonne colonne ce que mange chaque animal. »

▸▸▸

▶▶▶

Étiquettes à distribuer aux élèves

▶ **Travail en groupe de deux (enfants les plus autonomes de CP ou CE1-CE2)**

– Distribuer le polycopié ci-contre.

▷ DOC 28

– Demander aux élèves : « Cherchez ce que mange chaque animal. »

Les élèves disposent de différents ouvrages documentaires et écrivent leurs propositions dans les différentes colonnes sous chaque illustration d'animal.

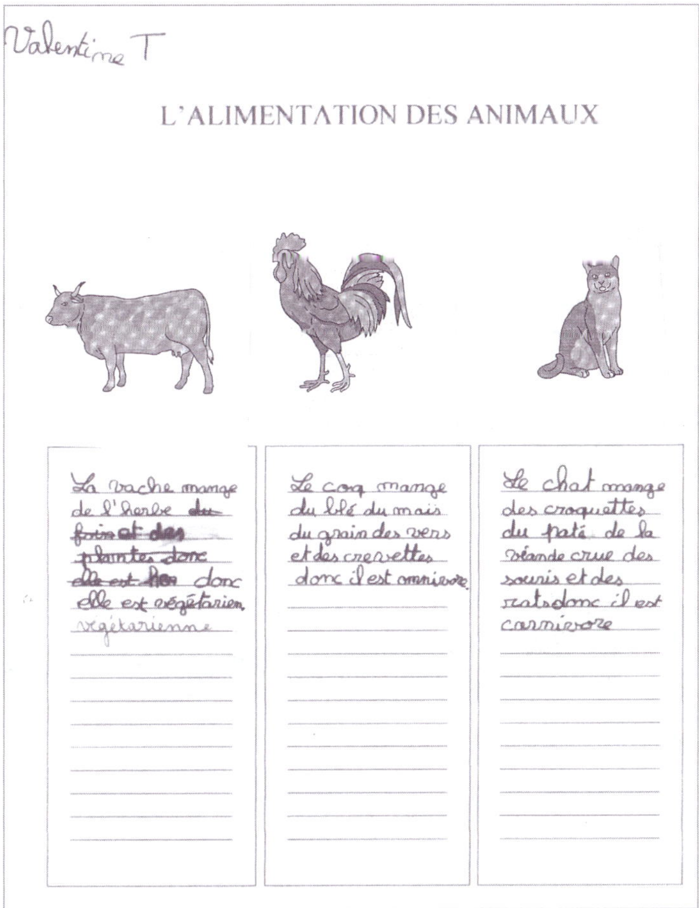

Valentine T

L'ALIMENTATION DES ANIMAUX

La vache mange de l'herbe ~~du foin et des plantes donc elle est [illegible]~~ donc elle est végétarien végétarienne	Le coq mange du blé du mais du grain des vers et des crevettes donc il est omnivore.	Le chat mange des croquettes du paté de la viande crue des souris et des rats donc il est carnivore

➔ MISE EN COMMUN

Les élèves constatent l'existence de différents régimes alimentaires. Une affiche est réalisée au tableau. Les élèves sont amenés à éventuellement corriger leur propre recherche. Leur demander d'écrire sous chaque ensemble constitué le nom de la catégorie alimentaire dominante : viande, plantes et végétaux, insectes.

▶ Travail en groupe de deux

1. Demander aux élèves de classer en deux catégories les aliments relevés sur l'affiche :
– les aliments d'origine animale ;
– les aliments d'origine végétale.
Il faut souligner ou surligner les mots qui les désignent avec deux couleurs différentes : vert et rouge.

2. Demander s'ils connaissent d'autres animaux qui mangent essentiellement :
– de la viande ?
– des plantes ?
– de tout (animaux et végétaux) ?
Laisser les élèves s'exprimer et écrire une première liste au tableau sur leurs indications.
Écrire au tableau les mots *carnivore*, *végétarien* et *omnivore*. Pour les CE1 et les CE2 : demander aux élèves de s'aider du dictionnaire pour trouver leur définition en confiant un mot différent à chaque binôme.
Le travail dans le dictionnaire donne lieu à un temps d'apprentissage spécifique pour les CE1.

➲ *MISE EN COMMUN*

Des enfants lisent la définition du dictionnaire. L'enseignant reprend les propositions au tableau.
– **Carnivores :** qui mangent d'autres animaux. On dit que leur régime alimentaire est la chair, la viande.
– **Végétariens :** qui mangent exclusivement des végétaux. On dit que leur régime alimentaire est le végétal (plante, herbe, graine, fruits, fleurs).
– **Omnivores :** qui mangent de tout (animaux et végétaux).

➲ *SYNTHÈSE ET TRACE ÉCRITE*

Elle est rédigée par les élèves qui complètent l'exercice à trous suivant :
Au CP : On complète avec des étiquettes et par écrit. ▷ DOC 29
Au CE1 et au CE2 : On complète en écrivant entièrement. ▷ DOC 30

L'escargot mange de salade de l'herbe et de feuilles
L'escargot est un VEGETARIEN
Le moineau mange des graines et des sauterelles et des vers de terre
Le moineau est un OMNIVORE
L'araignée mange des fourmis et des mouches et des gendarmes
L'araignée est un CARNIVORE

16 LES RÉGIMES ALIMENTAIRES DES ANIMAUX (2)

Durée

55 minutes.

Objectifs de connaissances

- *Approche de la notion de régime alimentaire.*
- *Distinguer les catégories des régimes alimentaires.*

Matériel

- *Le même lors de la séance précédente.*
- *Des polycopiés.*

▷ DOCS 31, 32, 33, 34, 35, 36

DÉROULEMENT

➔ *RAPPEL DE LA SÉANCE PRÉCÉDENTE*

Aider les élèves à rappeler les trois régimes alimentaires identifiés.

➔ *RECHERCHE DANS LES DIFFÉRENTS DOCUMENTS*

▸ Première recherche – Travail en groupe de deux

- Distribuer le polycopié sur les animaux et leur alimentation.
- Demander aux enfants de relier chaque animal à sa nourriture. Que remarquent-ils ?

Prévoir un petit temps de mise en commun : plusieurs flèches partent de certains animaux, pourquoi ? Remarquer aussi que certains d'entre eux se trouvent dans les deux colonnes. Pourquoi ?

- Proposer aux élèves de trouver le régime alimentaire des animaux de l'exercice : carnivore, végétarien, omnivore... puis vérifier en grand groupe en confrontant les propositions aux ouvrages documentaires.

DOC 31

Au CP et au CE1 : Les groupes doivent réaliser une affiche avec trois colonnes : « carnivore, végétarien, omnivore ».

DOC 32

Classe les animaux selon leur régime alimentaire.		
C'est un carnivore	C'est un végétarien	C'est un omnivore

Au CE2 : Les élèves doivent écrire le régime alimentaire de chaque animal.

DOC 33

Indique le régime alimentaire des animaux.	
Les animaux	Leur régime alimentaire

▶ Seconde recherche
Travail en groupe de deux

On demande aux enfants de continuer à compléter les affiches relatives aux régimes alimentaires des animaux. Pour cela, on leur distribue de nouveaux exercices. On peut bien évidemment les utiliser en les arrangeant comme on le souhaite en fonction des possibilités des élèves.

▷ DOCS 34, 35, 36

DOC 34

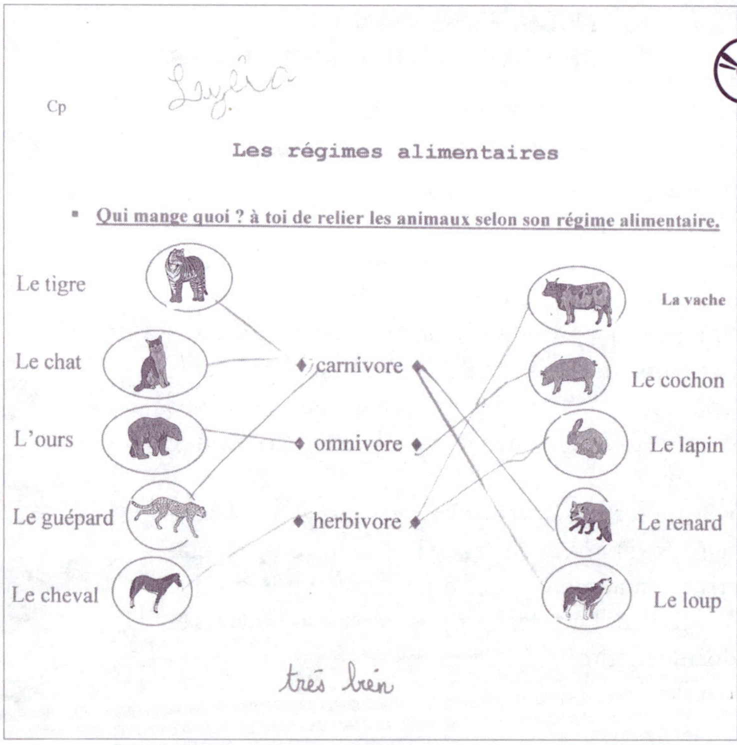

Cp Lyzéa

Les régimes alimentaires

▪ Qui mange quoi ? à toi de relier les animaux selon son régime alimentaire.

Le tigre
Le chat
L'ours
Le guépard
Le cheval

♦ carnivore ♦
♦ omnivore ♦
♦ herbivore ♦

La vache
Le cochon
Le lapin
Le renard
Le loup

très bien

Un exercice à distribuer aux élèves

DOCS 35, 36

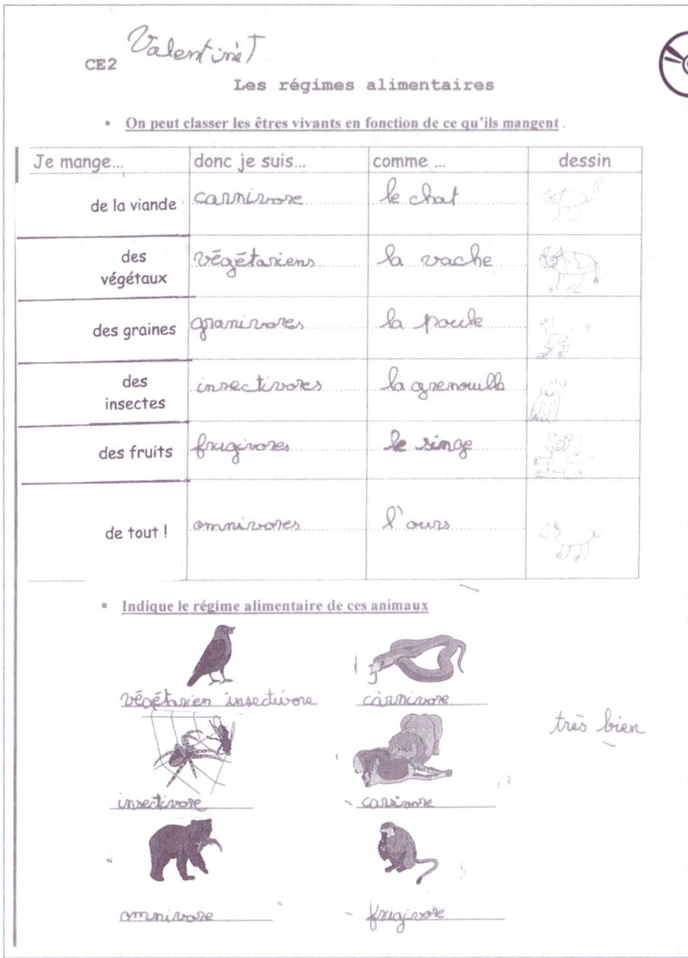

CE2 Valentine T

Les régimes alimentaires

- On peut classer les êtres vivants en fonction de ce qu'ils mangent.

Je mange...	donc je suis...	comme ...	dessin
de la viande	carnivore	le chat	
des végétaux	végétariens	la vache	
des graines	granivores	la poule	
des insectes	insectivores	la grenouille	
des fruits	frugivores	le singe	
de tout !	omnivores	l'ours	

- Indique le régime alimentaire de ces animaux

végétarien insectivore — carnivore

insectivore — carnivore

omnivore — frugivore

très bien

Un autre exemple d'exercice

MISE EN COMMUN

Finalisation de l'affiche collective de la classe « Le régime alimentaire des animaux » à partir des propositions des différents groupes.

SYNTHÈSE ET TRACE ÉCRITE

Après débat et acceptation par la classe, une trace écrite est proposée par l'enseignant :

On peut classer les animaux en fonction de ce qu'ils mangent. Il existe trois grands régimes alimentaires :

1. Le régime végétarien

Les végétariens mangent des graines, de l'herbe, des fruits ou des nectars de fleurs.

2. Le régime carnivore

Les carnivores se nourrissent de chair d'autres animaux.

3. Le régime omnivore

Les omnivores mangent de tout (de la viande, du poisson, des fruits, des graines, etc.).

17 ENQUÊTE SUR UN ANIMAL FAMILIER ET SON RÉGIME ALIMENTAIRE

Durée

55 minutes.

Objectifs de connaissances

- *Approche des modes alimentaires des animaux que nous connaissons.*
- *Approche des catégories des régimes alimentaires.*

Matériel

Le questionnaire.
▷ DOC 37

DÉROULEMENT

LANCEMENT DE L'ENQUÊTE

▸ Travail collectif

Lister avec les élèves les animaux qu'ils connaissent et sur lesquels ils pourraient réaliser une enquête. Certains enfants ont un animal à la maison (un chien, un chat, un cochon d'Inde, un hamster, un poisson, un oiseau, etc.). Certains élèves peuvent fréquenter un poney club. D'autres ont de la famille à la campagne et connaissent les animaux de la ferme.
Les enfants sont chargés d'enquêter à partir d'un questionnaire. On demandera l'aide des parents pour les CP. Les CE1 et les CE2 conçoivent et rédigent le questionnaire avec l'aide du maître. Puis chaque élève le remplit de façon individuelle en constituant un dossier avec la photo de l'animal, et éventuellement le nom qui lui a été donné par ses « propriétaires ».

DOC 37

Exemple de questionnaire

Photo de l'animal

Ton animal familier.
Quel est cet animal ? .... Colle sa photo.
Comment s'appelle-t-il ? ....
Où vit-il ? ....
Quel âge a-t-il ? ....
Est-ce un mâle ou une femelle ? ....
Que mange-t-il ? ....
Aime-t-il des gourmandises ? Lesquelles ? ....
Comment se nourrissait-il quand il était bébé ? ....
Raconte un de tes moments avec ton animal familier : ....
....

SÉANCES DE PRÉSENTATION

Regrouper sur une semaine des temps de présentation de l'animal choisi. À chaque fois, deux élèves font leur présentation l'un après l'autre. Les dossiers « Enquêtes » des enfants sont rassemblés dans un endroit précis de la classe et sont consultables à des moments de temps libre.

18 ÉVALUATION

DÉROULEMENT

ÉVALUATION

Pour fixer les notions vues, on procède à une évaluation.

Pour les CP : ▷ DOC 38

Pour les CE1 et les CE2 : ▷ DOC 39

LE RÉGIME ALIMENTAIRE DES ANIMAUX

Évaluation CP

1. Quel est le régime alimentaire de ces animaux ? Complète avec les étiquettes.

carnivore	carnivore	carnivore	carnivore	carnivore
omnivore	omnivore	omnivore	omnivore	omnivore
herbivore	herbivore	herbivore	herbivore	herbivore

2. Complète le texte avec les étiquettes.

Un carnivore est un animal qui mange ....

Un omnivore est un animal qui mange ....

Un végétarien est un animal qui mange ....

des végétaux	de la viande	de la viande et des végétaux

LE RÉGIME ALIMENTAIRE DES ANIMAUX
Évaluation CE1 – CE2

A De bonnes connaissances

CE2

Prénom : Valentine T

Les animaux se nourrissent - évaluation

1. Complète les phrases :

Le cerf mange des végétaux : c'est un végétarien

Le tigre mange de la viande : c'est un carnivore

Le porc mange de tout : c'est un omnivore

2. Ecris ce que mange chacun des animaux

incomplet. Tu aurais pu être plus précise.

Le chat : de la viande

Le lapin : de l'herbe

La poule : des grains

La vache : de l'herbe

Le requin : des poissons

3. Relie chaque animal à ce qu'il mange.
Rédige deux phrases pour chaque animal pour dire son régime alimentaire.

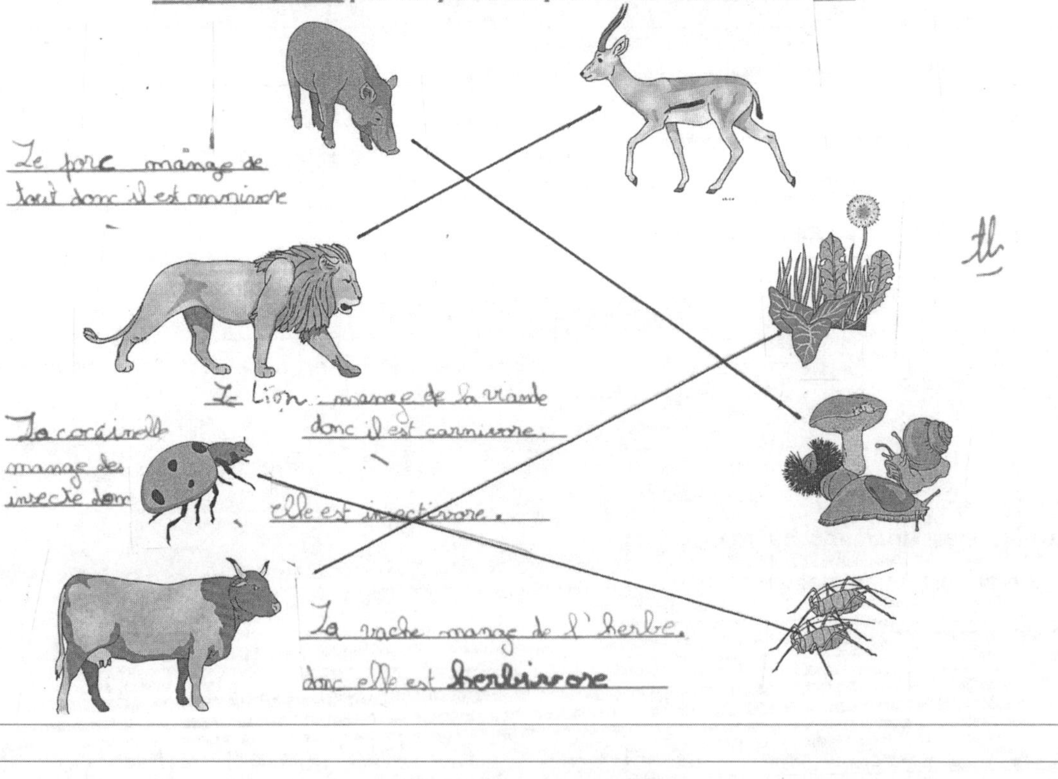

19 L'ADAPTATION DES ANIMAUX À LEUR RÉGIME ALIMENTAIRE

Durée

55 minutes.

Objectifs de connaissances

- *Distinguer les catégories de régimes alimentaires.*
- *Établir un lien entre la morphologie de l'appareil buccal des animaux et leur mode d'alimentation.*

Matériel

- *Feuilles blanches, crayons à papier, crayons de couleur, aimants.*
- *Crânes ou photos de crânes d'un végétarien (lapin, cheval...), d'un carnivore (chat, chien...), d'un omnivore (porc, sanglier...).*
Il est intéressant de disposer de véritables crânes d'animaux chaque fois que possible.
- *Feuilles de travail individuel « Que mangent-ils ? ».* ▷ DOC 40
- *Feuilles d'exercice.* ▷ DOCS 41, 43

DÉROULEMENT

RAPPEL DE LA SÉANCE PRÉCÉDENTE

Demander aux élèves de rappeler les trois régimes alimentaires identifiés.
Leur présenter le travail : « Aujourd'hui, nous allons essayer de voir comment les animaux sont adaptés à leur régime alimentaire. Avez-vous une idée ? »
Réponses attendues : *« Ils chassent, ils mangent des carottes... »*
Cibler sur l'observation proposée : « Quel est le premier appareil dont les animaux se servent pour manger ? »
Réponses attendues : *« La bouche, la gueule, le bec... »*

OBSERVATION

Observation et découverte de la morphologie de l'appareil buccal de trois animaux ayant chacun un régime alimentaire différent.
Présentation de trois photos de crânes (lapin, porc, chat) par l'enseignant et des trois fiches « menus » indiquant le régime alimentaire de ces trois animaux.

DOC 40

Menu du lapin
Choux
Carottes
Pissenlit
Salade
Avoine
Trèfle
Croûtes

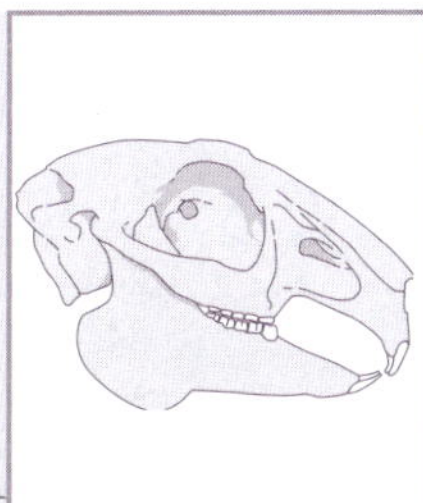

Crâne de lapin

Menu du porc
Glands
Châtaignes
Souris
Insectes
Racines
Herbes

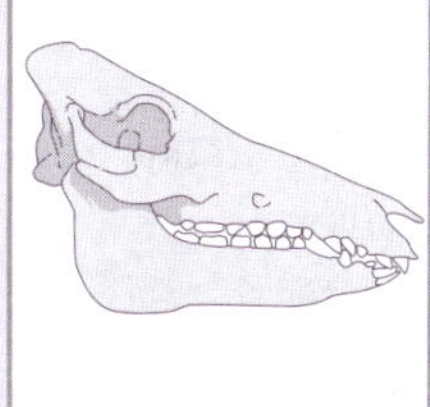

Crâne de porc

Menu du chat
Oiseaux
Lapins
Souris
Mulots

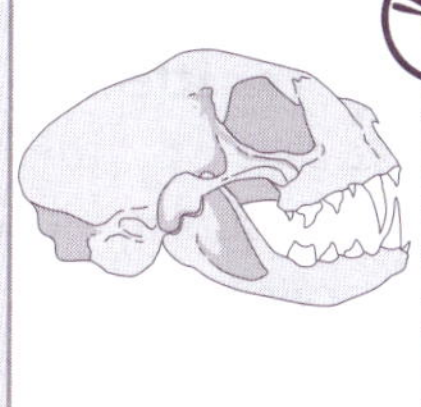

Crâne de chat

▶ Travail en groupe de quatre

Consigne : « Essayez de décrire les caractéristiques et les différences entre les trois crânes (volume, forme, dentition). »
Une aide est apportée par l'enseignant pour observer les trois crânes et lire le menu de ces animaux.
Demander aux élèves : « Les trois crânes sont-ils semblables ? Pourquoi ? Quel est le régime alimentaire de ces trois animaux ? »

MISE EN COMMUN À L'ORAL PUIS TRAVAIL INDIVIDUEL

Demander une observation plus fine sur la forme des dents de chaque animal.
Distribuer un tableau pour les aider à comparer régime alimentaire et dentition. ▷ DOC 41
Les élèves doivent le remplir individuellement.

À partir des documents, compare le régime alimentaire des animaux et leur dentition. Pour t'aider, complète le tableau.

REGIME ALIMENTAIRE	OBSERVATION DU CRÂNE
les herbivores le lapin mange des végétaux	Il n'a pas de canine
Il est omnivore et il mange de tout (le porc)	Il a des canines et des molaires et des inisives
Il est carnivore le chat et il mange de la viande	~~ses~~ Le chat a des grosses dents : les canines

très bien

Une production d'élève de CP

▶ Travail collectif oral

Confrontation des résultats des différents groupes.
On précise le nom et la place des dents : incisives, canines, molaires.
– Quel lien y a-t-il entre le régime alimentaire et le type de dents des animaux ?
Réponse attendue : « *Les formes des crânes sont différentes.* » Laisser les enfants décrire et comparer. Relancer sur la place et l'importance des dents. Les enfants formulent les conclusions suivantes : « *Il y a un endroit où le lapin n'a pas de dents. Chez le porc, les dents ont toutes la même importance.*
Le chat a deux dents très grandes et deux presque pas développées. »
Revenir avec les élèves sur le régime alimentaire des animaux :
« *Le lapin est ...* [demander aux élèves de poursuivre] ».
– À quoi doivent lui servir ses dents ?
Réponse attendue : « *Couper l'herbe et la mâcher.* »
« *Le chat est ...* [demander aux élèves de poursuivre]. »
– Pourquoi a-t-il deux dents aussi développées ?
Réponse attendue : « *Pour tuer, déchiqueter sa proie.* »
– Et d'autres dents importantes ?
Réponse attendue : « *Pour écraser la chair de l'animal qu'il mange.* »
« *Le porc est ...* [demander aux élèves de poursuivre] ».

– Pourquoi toutes ses dents semblent-elles aussi développées ?
Réponse attendue : « *Il mange de tout.* »
Des affiches complétées des trois crânes sont installées au tableau. Temps de synthèse provisoire.

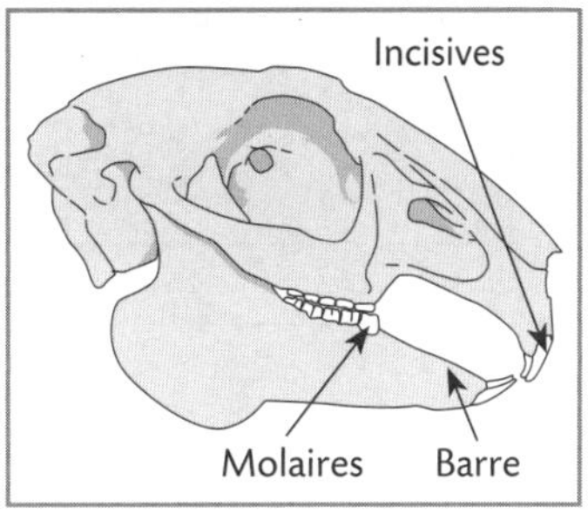

Crâne de lapin

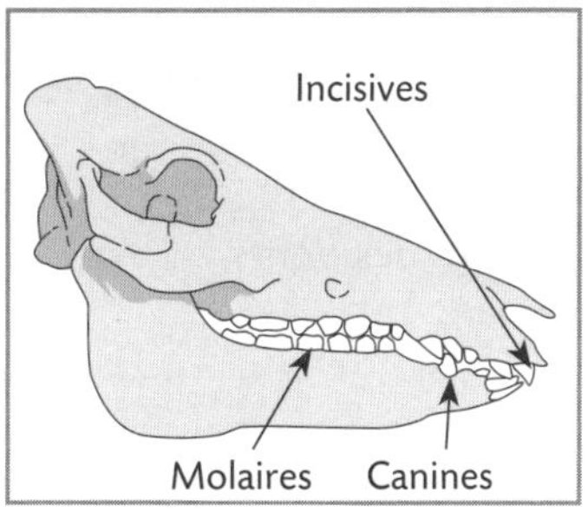

Crâne de porc

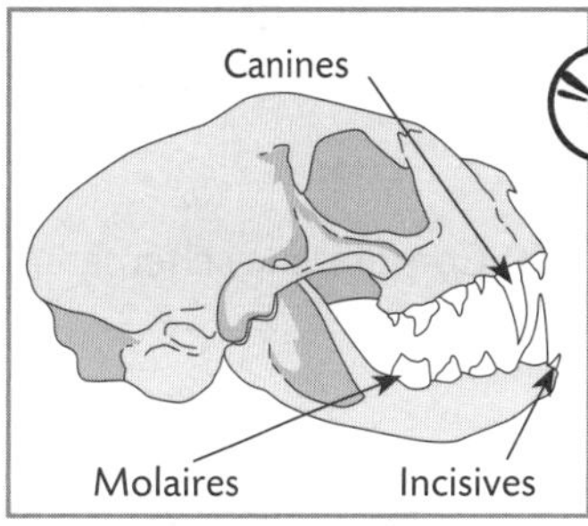

Crâne de chat

DOC 42

▶ Travail individuel

Demander aux élèves de faire l'exercice ci-dessous. ▷ DOC 43
Leur conseiller de porter leur attention notamment sur les dents. L'enseignant se rendra disponible pour accompagner les élèves de façon plus ou moins précise, selon leurs besoins. Pour diversifier l'exercice et en fonction du niveau des élèves, l'enseignant pourra proposer les mêmes consignes, mais en remplaçant le crâne du porc par un crâne de sanglier, celui du lapin par un crâne de cheval, celui du chat par un crâne de chien, etc. Ces images sont facilement disponibles sur Internet. Il s'agit de montrer que le cheval comme le lapin sont des végétariens ; le sanglier et le porc des omnivores ; le chat et le chien des carnivores.

1. Entoure la bonne réponse.

– Les incisives servent à :	couper	broyer	déchiqueter	tuer
– Les canines servent à :	couper	broyer	déchiqueter	tuer
– Les molaires servent à :	couper	broyer	déchiqueter	tuer

2. Avec quel outil peut-on comparer ces dents ? Entoure la bonne réponse.

– Les incisives :	une pince coupante	un couteau	un broyeur	une scie
– Les canines :	une pince coupante	un couteau	un broyeur	une scie
– Les molaires :	une pince coupante	un couteau	un broyeur	une scie

3. a) Observe le crâne du lapin et réponds aux questions :
– Quel est le régime alimentaire du lapin ? ....
– De quelles dents a-t-il vraiment besoin ? Entoure les bonnes réponses.
Incisives Canines Molaires
– Pourquoi ? ....
b) Complète le schéma en indiquant le nom des dents.

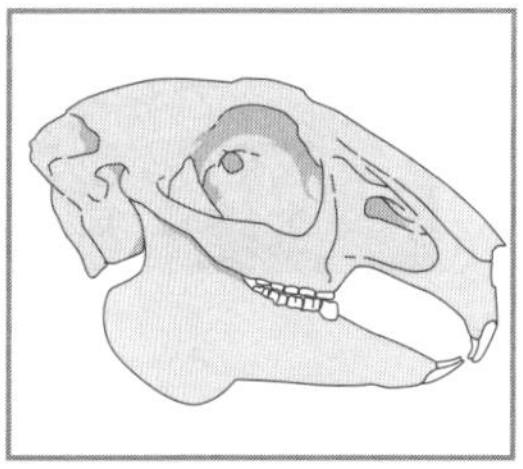

4. a) Observe le crâne du porc et réponds aux questions.
– Quel est le régime alimentaire du porc ? ....
– De quelles dents a-t-il vraiment besoin ? Entoure les bonnes réponses.
Incisives Canines Molaires
– Pourquoi ? ....
b) Complète le schéma en indiquant le nom des dents.

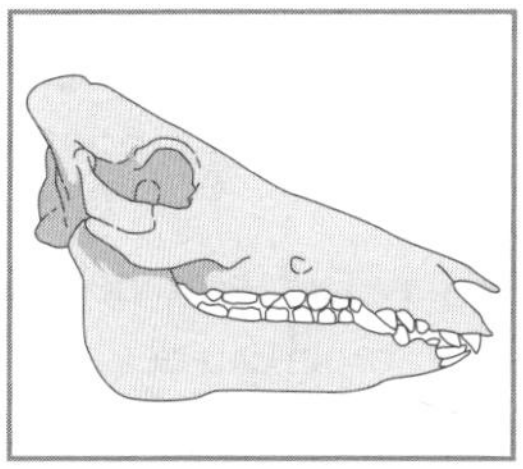

5. a) Observe le crâne du chat et réponds aux questions.

– Quel est le régime alimentaire du chat ? ....

– De quelles dents a-t-il vraiment besoin ? Entoure les bonnes réponses.

Incisives Canines Molaires

– Pourquoi ? ....

b) Complète le schéma en indiquant le nom des dents.

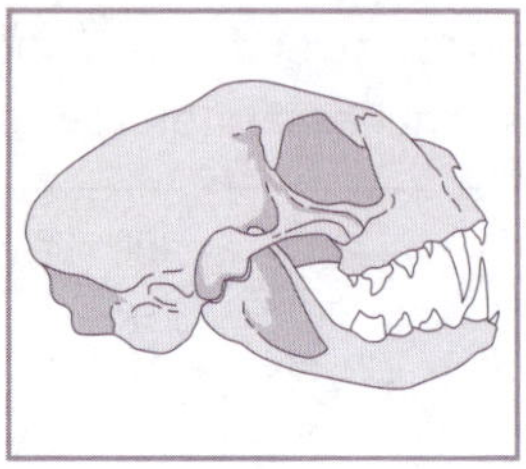

MISE EN COMMUN

L'enseignant gère les propositions des élèves à l'oral.

SYNTHÈSE ET TRACE ÉCRITE

Après débat et acceptation par la classe, une trace écrite est proposée par l'enseignant. Au besoin, on complétera la trace écrite en reprenant les schémas de crânes d'animaux utilisés précédemment.

Le mode d'alimentation des animaux

– L'alimentation des animaux végétariens est constituée de végétaux : graines, feuilles d'arbres, herbe.
Leurs incisives servent à couper les aliments.
Leurs molaires servent à écraser, à broyer (mettre en petits morceaux).
Leurs canines sont très petites et ne servent à rien. Certains végétariens n'en n'ont pas, comme le lapin par exemple.

– L'alimentation des animaux carnivores est constituée de viande ou de poisson.
Leurs incisives sont donc très petites et ne servent presque à rien.
Leurs molaires servent à broyer (mettre en petits morceaux), à découper la chair.
Leurs canines servent à déchiqueter, à tuer.

– L'alimentation des animaux omnivores est d'origine végétale et animale.
Leurs incisives servent à couper les aliments.
Leurs molaires servent à broyer (mettre en petits morceaux) et à découper la chair.
Leurs canines servent à déchiqueter et à tuer.

PROLONGEMENTS

On peut, selon les classes, proposer un bref travail sur les becs des oiseaux et leur adaptation à leur nourriture. On pourra ainsi proposer aux élèves une recherche documentaire présentant les différentes formes de becs :

– les « gros-becs », dont la nourriture se compose de graines et de fruits, utilisent leur bec pour casser des noyaux ;

– les « avocettes », dont le bec est courbé vers le haut à la recherche des proies à la surface de l'eau.

– le « grimpereau des bois », dont la forme du bec permet de déloger les insectes dans l'écorce des arbres, etc.

On soulignera la différence entre les oiseaux qui ont des becs mais pas de dents, et les animaux qui ont une gueule (donc une mâchoire, donc des dents).

20 ÉVALUATION

DÉROULEMENT

ÉVALUATION

Pour fixer les notions vues, on procède à une évaluation.

Pour les CP : ▷ DOC 44

Pour les CE1 et les CE2 : ▷ DOC 45

A Excellent travail !

Prénom : Pierre

CP

Le mode d'alimentation des animaux - évaluation

- **Voici trois mâchoires. Légende ces schémas avec les étiquettes.**

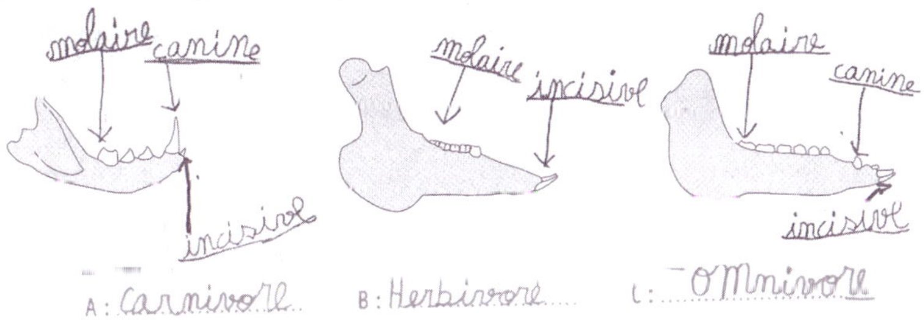

A : Carnivore B : Herbivore C : Omnivore

- **Souligne les animaux qui ont un bec et encadre ceux qui ont une gueule ou une bouche.**

Le cheval	Le canari	L'autruche	Le porc
Le pigeon	Le lion	L'hirondelle	Le tigre
La souris	Le chien	La poule	Le serin

- **Quel animal peut avoir le régime alimentaire suivant : carottes, croûtes de pain, feuilles de choux, de salade ou de trèfle, pissenlits ?**

lapin

Etiquettes

Incisive	Incisive	Incisive	Canine	Canine	Canine
Herbivore	Carnivore	Omnivore	Molaire	Molaire	Molaire

Une évaluation de CP

21 QUI MANGE QUI ?

Durée

55 minutes.

Objectifs de connaissances

- *Approche des chaînes alimentaires des animaux.*
- *Prendre conscience des relations existant entre les animaux (notamment comprendre, pour des enfants de cycle 2, que ce n'est pas obligatoirement « la plus grosse bête qui mange la petite »).*

Matériel

- *Feuilles blanches, crayons à papier, crayons de couleur, aimants.*
- *La feuille avec les menus des animaux.* ▷ DOC 46
- *Photos des différents animaux utilisées sur la feuille des menus : escargot, hirondelle, mulot, lièvre, écureuil, sanglier, moineau, chouette, lézard, araignée, renard, belette, hérisson, cerf, taupe.*
- *La feuille « Mangeur puis mangé ».* ▷ DOC 47

Les différentes ressources vidéo mais aussi les ouvrages documentaires sur papier sont des auxiliaires indispensables aux séances proposées (voir notamment les ressources présentées par le Scéren/CNDP).

DÉROULEMENT

RAPPEL DES SÉANCES PRÉCÉDENTES

Demander aux élèves de reformuler ce qu'ils ont compris de la notion de régime alimentaire.

REPÉRER LES DIFFÉRENTS RÉGIMES ALIMENTAIRES

▶ Travail en groupe de quatre

Distribution des menus ci-dessous que les élèves doivent classer selon les trois régimes alimentaires (végétarien, carnivore, omnivore). Demander aux enfants : « Regroupez ces menus et expliquez pourquoi vous les mettez ensemble. » Les élèves colleront les menus et les photos des animaux correspondants sur des grandes affiches.

DOC 46

Menu de l'escargot	Menu de l'hirondelle	Menu du mulot	Menu de l'araignée
Feuilles de chou Feuilles de laitue Épinards	Mouches Moucherons Petits papillons	Graines Glands Fruits	Papillons Mouches

Menu du lézard	Menu du sanglier	Menu du moineau	Menu de la chouette
Mouches Criquets Coccinelles Chenilles	Fruits Graines Racines Insectes Vers	Insectes Graines Miettes de pain Vers de terre Fruits sauvages	Mulots Campagnols Oiseaux Insectes

Menu de l'écureuil	Menu du lièvre	Menu du renard	Menu de la belette
Noisettes	Graines	Lièvres, lapins	Lièvres, lapins
Graines	Herbes	Mulots	Petits rongeurs
Glands	Écorces	Campagnols	Oiseaux
Châtaignes	Bourgeons	Oiseaux	Insectes
Champignons		Fruits	Lézards, grenouilles
Écorce d'arbres			

MISE EN COMMUN

▶ Travail oral collectif

Confrontation des résultats. Arriver au classement en trois groupes : végétariens, carnivores, omnivores.

APPROCHE DE LA NOTION DE CHAÎNE ALIMENTAIRE

▶ Travail collectif oral

• Demander aux élèves : Pouvez-vous repérer, grâce aux menus, des animaux qui mangent des aliments identiques ?

Réponse attendue : « *Le mulot, le lièvre, l'écureuil, le sanglier et le moineau mangent des graines. La chouette, le renard et la belette mangent des oiseaux. Le sanglier, la chouette et la belette mangent des insectes. Etc.* »

– Pouvez-vous repérer des animaux qui se font manger par d'autres ? Trouvez une suite d'animaux qui se font manger les uns par les autres.

Réponse attendue : « *Les lièvres, les oiseaux, les mulots (mangés par les renards) ; les vers de terre (mangés par les oiseaux et le hérisson).* »

• Présentation deux chaînes alimentaires.

– Que voyez-vous ? Laisser les enfants s'exprimer.

– Que signifie la flèche qui va de la feuille au hanneton ?

Réponse attendue : « *Est mangé par...* »

– Pouvez-vous me raconter l'histoire complète ?

Réponse attendue : « *L'histoire se raconte en partant du haut vers le bas. Par exemple, la laitue est mangée par l'escargot qui est mangé par le mulot...* »

– Pouvez-vous trouver une autre manière de représenter la chaîne alimentaire ? Laisser les élèves réfléchir un moment puis leur proposer de représenter la chaîne alimentaire en partant de celui « qui mange le plus », du « prédateur le plus puissant ».

Mangeurs puis mangés

▸ Travail individuel

Distribution de la feuille ci-dessous :

Pour les CP : ▷ DOC 48

Pour les CE1-CE2 : ▷ DOC 49

RACONTER UNE CHAÎNE ALIMENTAIRE

Observe bien l'exemple :

Le chat mange l'oiseau ; l'oiseau mange le ver de terre.

Le chat → L'oiseau → Le ver de terre

Il y a trois maillons dans cette chaîne alimentaire.

1. Maintenant, à toi de représenter la chaîne alimentaire entre :

CP : Découpe les images et remets-les dans l'ordre de la chaîne alimentaire.

CE1, CE2 : Représente la chaîne alimentaire avec les maillons et les flèches. Combien y a-t-il de maillons ?

2. Représente la chaîne alimentaire avec les maillons et les flèches entre :

Combien y a-t-il de maillons ?

MISE EN COMMUN

Travail oral collectif

L'enseignant reprend les propositions des enfants en expliquant que la chaîne alimentaire part de celui qui mange.
Revenir sur l'exemple de l'oiseau, du chat et du ver de terre. Sur le dessin, le ver de terre est mangé par l'oiseau qui est mangé par le chat. Si l'on décrit la chaîne alimentaire, on devra partir du chat.

Le chat → L'oiseau → Le ver de terre

Chacun des cadres représente un maillon de la chaîne alimentaire.
La flèche signifie « mange ».

SYNTHÈSE ET TRACE ÉCRITE

Après débat et acceptation par la classe, une trace écrite est proposée par l'enseignant.

DOC 50

<u>Chaîne alimentaire des animaux</u>

La chaîne alimentaire montre dans quel ordre les êtres vivants se nourrissent en se mangeant les uns les autres.

Exemples de deux chaînes alimentaires

Le loup → (mange) l'agneau
L'agneau → (mange) l'herbe

Le rapace → (mange) l'oiseau
L'oiseau → (mange) l'insecte
L'insecte → (mange) la fleur

22 ÉVALUATION

DÉROULEMENT

ÉVALUATION

Pour fixer les notions vues, on procède à une évaluation.

Pour les CP : ▷ DOC 51

Pour les CE1-CE2 : ▷ DOC 52

LES RÉGIMES ALIMENTAIRES ET LES CHAÎNES ALIMENTAIRES

Évaluation

Consigne CP : Découpe les images et remets-les dans l'ordre de la chaîne alimentaire. Il y a plusieurs solutions possibles.

Consigne CE1/CE2 : Observe bien les animaux. Représente une ou plusieurs chaînes alimentaires possibles (avec deux, trois ou quatre maillons).

23 LE PAIN QUE NOUS MANGEONS (1) SA FABRICATION

Durée

3 séances de 55 minutes, dont la visite chez le boulanger. Les enfants ont par ailleurs une enquête individuelle à réaliser, qui sera exploitée à la séance suivante (p. 65).

Objectif de connaissances

Reconstituer les étapes de fabrication du pain.

Matériel

- *Cassette vidéo* Du grain au pain, *Scéren, CNDP.*
- *La fiche de fabrication du pain en 8 étapes (en format A4 pour chaque élève et en format affiche pour le tableau).*
  ▷ DOC 55
- *L'enquête sur le boulanger et son pain.*
  ▷ DOC 53

DÉROULEMENT

PREMIÈRE SÉANCE

VISIONNAGE DE LA CASSETTE

▸ Travail collectif

• Partir de la connaissance des élèves sur la fabrication du pain. Tous les ingrédients pour la réalisation de la pâte sont trouvés : farine, eau, sel, levure (champignon microscopique qui se développe dans la pâte au moment de la fermentation).

• Demander aux élèves d'observer attentivement la manière de fabriquer du pain (ses ingrédients, les différentes étapes de sa réalisation) lors du visionnage du film.

• Les élèves notent ensuite les différentes étapes de la fabrication du pain qu'ils ont repérées pendant le film : le pétrissage, la première fermentation (le pointage), la pesée, la détente, le façonnage, la troisième fermentation, l'enfournement et la cuisson, le défournement et le ressuage (pour plus de détails sur ces différentes étapes, voir p. 63).

DEUXIÈME SÉANCE

VISITE CHEZ LE BOULANGER

▸ Conseil à l'enseignant

Équipez-vous d'un appareil photo numérique. La visite donnera lieu en effet à la photographie des huit étapes de fabrication du pain.

▸ Travail individuel

Distribution aux élèves d'un questionnaire sur le boulanger. Ils doivent la remplir sur place, le cas échéant en questionnant le boulanger.

ENQUÊTE SUR LE BOULANGER ET SON PAIN

DOC 53

1. Où vos parents achètent-ils le pain ? En boulangerie ou en grande surface ?

....

....

2. Quelle est la différence entre une boulangerie et une grande surface ?

....

....

3. Quels sont les horaires de travail du boulanger ?

....

....

4. Avec qui travaille-t-il ?

....

....

5. Quels sont les ingrédients pour fabriquer du pain ?

....

....

6. Tous les pains sont-ils les mêmes ?

....

....

7. Ont-ils tous le même goût ? Pourquoi ?

....

....

8. Quelles sortes de pain connaissez-vous ?

....

....

9. Y a-t-il plusieurs sortes de farine ?

....

....

10. Comment reconnaît-on la qualité du pain ?

....

....

11. Quel pain pour quel plat ?

....

....

TROISIÈME SÉANCE

LANCEMENT DE LA SÉANCE

Rappel de la visite et du visionnage du document vidéo.

RECONSTITUTION DES ÉTAPES DE FABRICATION DU PAIN

▶ Travail en groupe de deux

Reconstituer chronologiquement les étapes de fabrication du pain en donnant un titre à chaque étape.

Au CP : On distribue les images de ces différentes étapes ; les élèves doivent les découper et les coller en les classant selon l'ordre chronologique. ▷ DOC 54

Au CE1 et au CE2 : Les élèves dessinent directement sur leur feuille les différentes étapes de la fabrication.

▶ Travail collectif

Correction et discussion sur les différentes étapes de la fabrication.

SYNTHÈSE ET TRACE ÉCRITE

Présentation d'un affichage sur la fabrication du pain pour la classe. ▷ DOC 55

FABRICATION DU PAIN EN 8 ÉTAPES

Étape 1 : le pétrissage

Il permet de mélanger tous les éléments (farine, eau, levure ou levain, sel) qui vont former la pâte. La pâte devient élastique et emprisonne l'air pour permettre l'action de la levure.
Le pétrissage peut être rapide ou classique : les pétrins mécaniques sont rapides et moins pénibles.

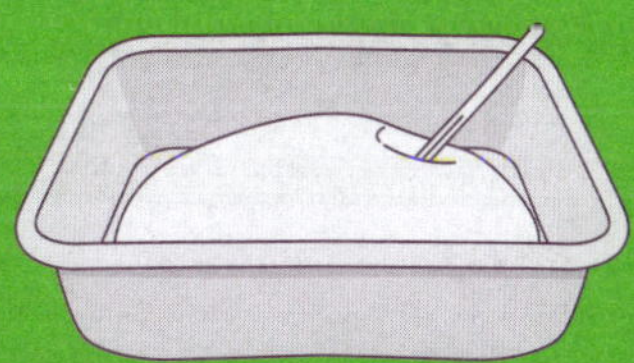

Étape 2 : le pointage

La pâte repose une première fois, avant d'être divisée.

DOC 55

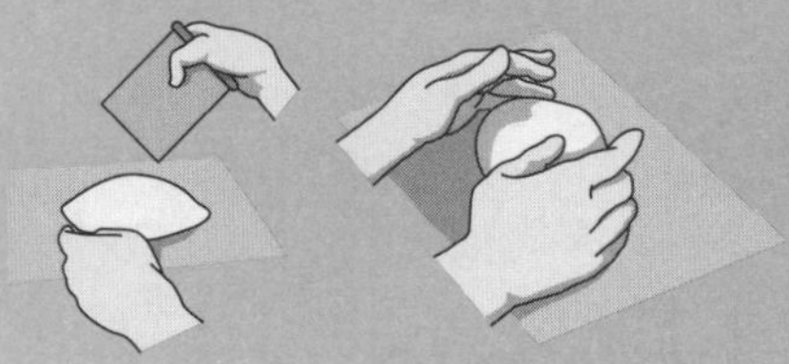

Étape 3 : la pesée – le boulage

On divise la pâte de façon à former de petits « pâtons » que l'on pèse très rapidement. Il y a aussi des diviseuses automatiques.

Étape 4 : la détente

Les pâtons ont été divisés.
On les laisse reposer une deuxième fois.

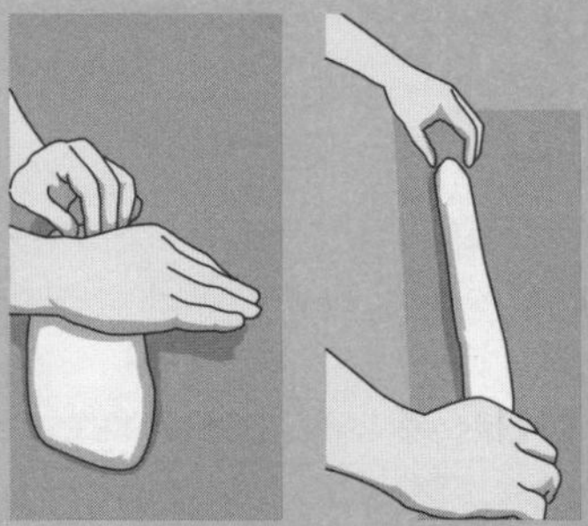

Étape 5 : le façonnage

Le boulanger donne au pâton la forme voulue selon le type de pain (long, rond...).

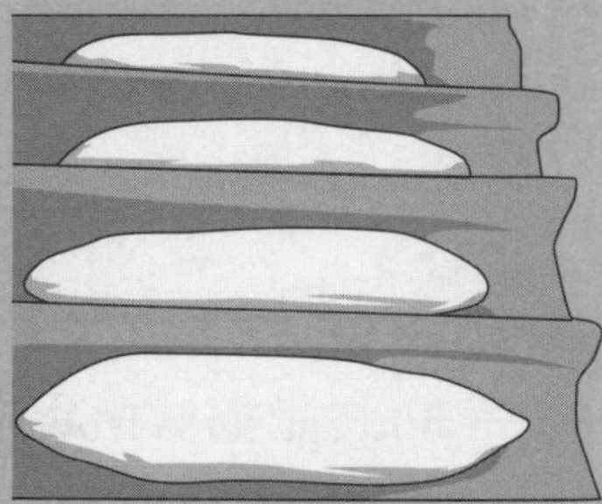

Étape 6 : l'apprêt

Les pâtons sont posés sur du tissu.
La pâte se repose encore une fois. Elle gonfle. Avant de l'enfourner, le boulanger signe son pain (il donne des petits coups de lame).

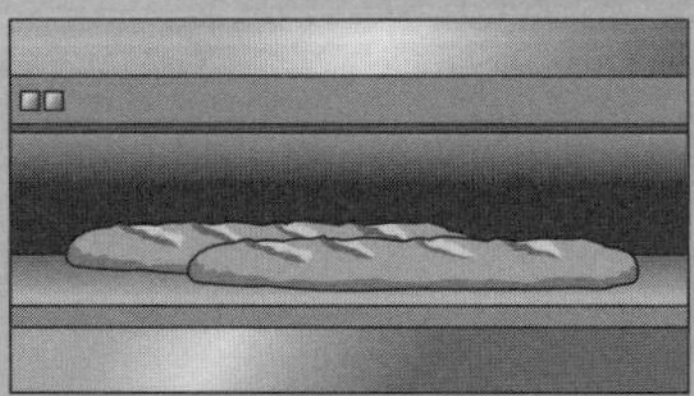

Étape 7 : la cuisson

Le four, chauffé à 225 °C, est rendu humide (vapeur d'eau), ce qui empêche le pain de se dessécher et permet la formation d'une belle croûte. L'enfournement se fait à l'aide d'une pelle en bois ou par système mécanique.

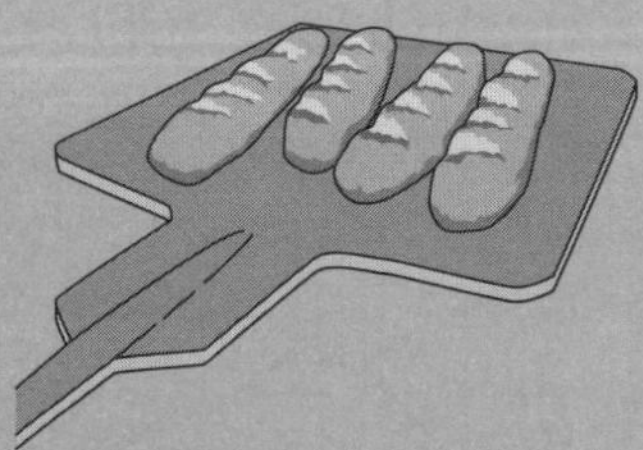

Étape 8 : le défournement – le ressuage

Le pain est sorti du four avec beaucoup de soin car il est très chaud et fragile.
On le laisse refroidir.

24 LE PAIN QUE NOUS MANGEONS (2) ENQUÊTE ET DÉGUSTATION

Durée

55 minutes.

Objectifs de connaissances

- *Connaître différentes sortes de pain.*
- *Le travail du boulanger, l'artisanat.*

Matériel

- *Différentes sortes de pain pour une présentation et une dégustation.*
- *Affichage pour la classe sur toutes les sortes de pain.*
- *Les enquêtes des élèves.*

DÉROULEMENT

L'objet de cette séance consiste à exploiter l'enquête sur le boulanger et son pain qui aura été remplie pendant la visite chez le boulanger.

LA VIE ET LE TRAVAIL DU BOULANGER

▸ Travail collectif

– Où vos parents achètent-ils le pain ?
« En boulangerie ou en grande surface. »
– Quelle est la différence ?
« Le boulanger est un artisan : le pain est un produit fabriqué, vendu aux consommateurs par le boulanger (ou la boulangère) qui le fabrique lui-même, dans sa boutique, en petites quantités. En revanche, le pain acheté en supermarché est fabriqué dans des usines. »
– Quels sont les horaires de travail du boulanger ?
« La journée du boulanger commence à minuit et finit à 9 heures du matin (préparation du pain). Ses vacances durent 15 jours à 3 semaines par an. »
– Avec qui travaille-t-il ?
« Souvent, la boulangère tient le magasin et les comptes. L'apprenti aide au fournil. Parfois, une personne effectue la tournée dans les villages ou des livraisons. »

LES DIFFÉRENTES SORTES DE PAIN

▸ Travail collectif

– Quels sont les ingrédients pour fabriquer du pain ?
« La farine, l'eau, la levure ou le levain et le sel. »
– Tous les pains sont-ils identiques ?
« Non, on trouve du pain complet, du pain au son, du pain au sésame, du pain au maïs et du pain aux céréales. »
– Ont-ils tous le même goût ? Pourquoi ?
« Tous les pains n'ont pas le même goût. Cela dépend du mode de fabrication, s'il est fait au levain ou à la levure, de son dosage en sel, du temps de fermentation. »

– Quelles sortes de pain connaissez-vous ?
« La baguette, la flûte, la ficelle, la tradition, la boule, le bâtard, le parisien, le gros pain rond, le pain de 500 g, le pain de 2 livres long, etc. »

DÉGUSTATION DE DIFFÉRENTES SORTES DE PAIN

▸ Travail collectif

Suite à la visite chez le boulanger, les enfants ont rapporté différentes sortes de pain. Nous conseillons aux enseignants d'en acheter aussi un maximum de variétés.
Si l'enseignant n'a pas assez de pains différents, nous l'invitons à prendre des photos pendant la visite. De retour en classe, un moment sera réservé à la dégustation durant laquelle les enfants pourront donner leurs impressions.
Attention ! Comme dans toutes ces séances où il s'agit de goûter des mets, il est impératif de s'assurer que certains élèves ne sont pas allergiques (ici au gluten entre autres).
La dégustation de ces divers types de pain permet à l'enseignant de poursuivre l'exploitation de l'enquête sur le boulanger et son pain.

PLUSIEURS PAINS POUR PLUSIEURS FARINES

L'enseignant présente les pains à la farine de blé les plus courants : la baguette, la ficelle (longue et fine), le bâtard, le parisien, mais aussi :
– les pains en forme de couronne ;
– les pains ronds : pains de ménage ;
– le pain épi : on le coupe au ciseau avant de le faire cuire ;
– les petits pains.
Il existe également d'autres pains à la farine de blé :
– le pain complet : il contient encore une partie importante des enveloppes du grain de blé.
– le pain au levain : il est fabriqué avec du levain à la place de la levure.
– le pain de campagne : il est fabriqué avec une farine blanche. Sa panification est conduite de façon à éviter le blanchiment de la pâte et obtenir une meilleure conservation.
Et on trouve également chez le boulanger des pains qui sont faits à partir d'autres farines :
– le pain de seigle est à base de farine de seigle.
– les pains aux 3, 6, 9 ou 12 céréales.

COMMENT RECONNAÎT-ON LA QUALITÉ DU PAIN ?

– Une croûte craquante, bien dorée et sonore quand on la frappe avec le doigt.
– Une mie fine avec des trous.
– Une bonne odeur.

QUEL PAIN POUR QUEL PLAT ?

– Le pain blanc se mange avec les tartines du petit déjeuner, les salades et légumes accompagnant les plats, les fromages.
– Le pain de seigle (noir et compact) accompagne les fruits de mer et les aliments fumés.
– Le pain aux noix est servi avec de la salade et du fromage.
– Le pain brioché est utilisé pour le foie gras.
– Le pain de mie se mange avec les toasts.

SYNTHÈSE ET TRACE ÉCRITE

Ces séances se déroulent sous forme de travail collectif et de débat où l'enseignant apportera ses connaissances. Mais elles sont trop compliquées pour donner lieu à une trace écrite.

25 RÉALISATION D'UNE BOULANGERIE MINIATURE

Durée

4 ou 5 séances de 55 minutes.

Compétences

- *Élaborer un cahier des charges et un avant-projet.*
- *Fabriquer.*
- *Réaliser une fiche technique.*
- *Réinvestir les connaissances sur les aliments et la nutrition.*

Matériel

- *Une boîte en carton.*
- *De la peinture et des feutres.*
- *De la colle.*
- *Du scotch.*
- *Une paire de ciseaux.*
- *Des photos d'affiche et de porte (petit format).*
- *Une feuille A4 en plastique transparent semi-rigide.*
- *Un petit napperon.*
- *Du carton Bristol.*
- *De la farine, de l'eau, du sel.*
- *Un saladier, une cuillère.*
- *Des capsules de bière.*
- *Des plans à découper.* ▷ DOCS 59, 61, 63

DÉROULEMENT

SENSIBILISATION À LA DÉMARCHE TECHNOLOGIQUE

L'enseignant lance le défi : « Comment réaliser une boulangerie miniature ? »
Pour effectuer cette tâche, de nombreuses interrogations se posent ; il y a une multitude de solutions.

▶ Travail collectif

Les enfants vont émettre des hypothèses sur la réalisation de ce projet. Il faut les laisser parler, des idées vont émerger de ce débat :

« On peut reproduire une vraie boulangerie :
– avec ses pains ; – avec ses gâteaux ; – avec ses vitrines ;
Peut-on aller en visiter une ? »

Il est souhaitable que l'enseignant laisse les enfants s'exprimer et qu'il note leurs idées au tableau ou sur une feuille grand format.

Dans ces séances, il faut privilégier la réalisation des projets les plus simples proposés par les enfants, puis aller avec la démarche technologique en établissant un avant-projet.

Plusieurs projets peuvent être proposés par les élèves.

ÉLABORATION DE L'AVANT-PROJET

▶ Travail en groupe de quatre

Réflexion libre des enfants au sein de chaque groupe. Ils doivent penser aux différentes contraintes liées à la réalisation du projet. Celles-ci sont de plusieurs ordres :

– matériel ;

– coût de revient ;
– esthétique ;
– temps de fabrication.

▶ Travail individuel

Pour réaliser l'avant-projet, les enfants pourront déjà faire une recherche sur Internet pour avoir une idée assez précise des différents styles de boulangerie.
Ils prendront en compte :
– la forme, l'aspect général ;
– l'organisation du travail : en groupe ou individuel (sachant qu'il est souhaitable que chaque enfant ait au moins sa boulangerie) ;
– le mode de fabrication.
L'année où la boulangerie a été réalisée en classe, nous avions la chance d'avoir un papa qui travaillait dans un bureau d'études et qui manipulait bien un logiciel de « conception assistée par ordinateur (CAO) ». Il est venu en classe pour faire des représentations en 3D pour les élèves à partir de leur avant-projet.
L'avant-projet prend la forme d'un dessin auquel on ajoutera quelques lignes pour décrire la boulangerie et les objets que l'on peut y trouver.

ÉLABORATION DU CAHIER DES CHARGES

▶ Travail collectif

Le cahier des charges est un document par lequel on exprime ses besoins et les fonctions principales de fabrication.
L'établissement de ce cahier des charges est une étape particulièrement difficile de la démarche technologique, c'est pour cette raison qu'elle prend la forme d'un débat collectif au cours duquel l'enseignant écrit toutes les propositions. Ce cahier des charges est ensuite affiché dans la classe.
Dans ce cas, il y aura autant de cahiers des charges qu'il y aura d'objets à réaliser pour la décoration de la boulangerie.
Nous vous proposons le cahier des charges pour toute la boutique, puis ensuite des fiches techniques pour la boutique et quelques objets et meubles.

Un exemple de boulangerie réalisée par les élèves

Détail du présentoir à pains

Détail du présentoir à gâteaux

FABRICATION DE LA BOULANGERIE

Construction de la boulangerie et des objets devant y figurer et rédaction des fiches techniques en parallèle.

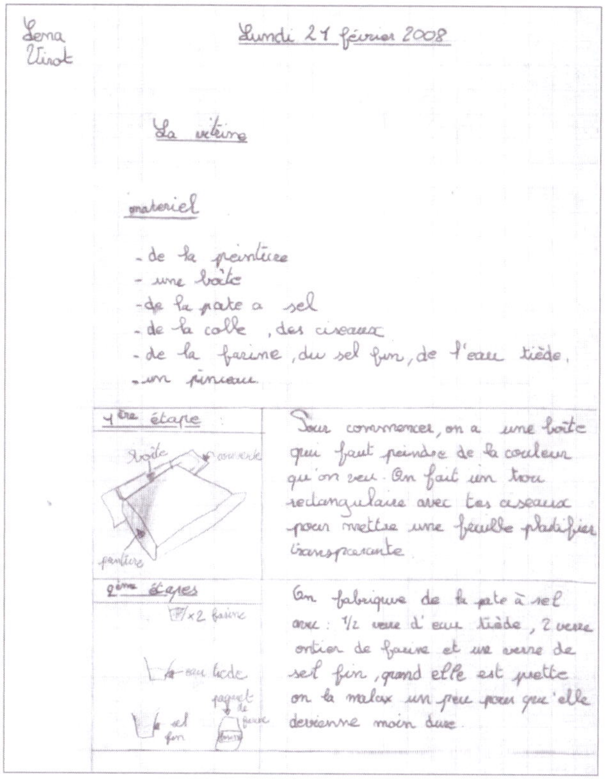

Lena
Virot

Lundi 21 février 2008

La vitrine

matériel

- de la peinture
- une boîte
- de la pate a sel
- de la colle , des ciseaux
- de la farine, du sel fin, de l'eau tiède,
- un pinceau.

1ère étape

Pour commencer, on a une boîte qui faut peindre de la couleur qu'on veu. On fait un trou rectangulaire avec les ciseaux pour mettre une feuille plastifier transparente

2ème étapes

On fabrique de la pate à sel avec : 1/2 verre d'eau tiède, 2 verre ortier de farine et un verre de sel fin, quand elle est prette on la malax un peu pour que elle devienne moin dure.

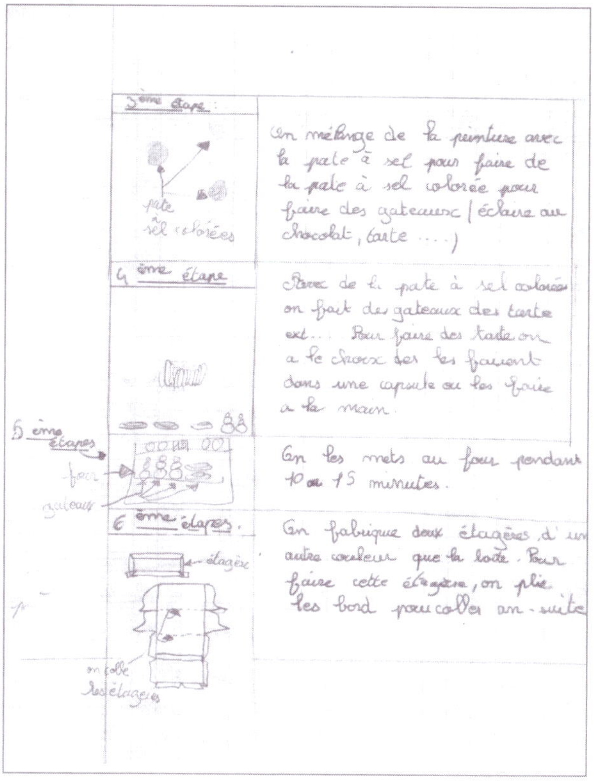

3ème étape :

On mélange de la peinture avec la pate à sel pour faire de la pate à sel colorée pour faire des gateaux (éclaire au chocolat, tarte ....)

4ème étape

Avec de la pate à sel colorées on fait des gateaux des tarte ect... Pour faire des tarte on a le choix des les façonnt dans une capsule ou les faire a la main.

5ème étapes

On les mets au four pendant 10 ou 15 minutes.

6ème étapes.

On fabrique deux étagères d'un autre couleur que la boîte. Pour faire cette étagère, on plie les bord pour coller en-suite

Un exemple de fiche de fabrication réalisée par un élève

CAHIER DES CHARGES DE LA BOULANGERIE

Modèle pour la classe

DOC 56

Étapes	Matériel	Fonction	Matériaux	Difficultés envisagées	Solutions retenues
1	La boutique	Lieu de vente des aliments (pain gâteau, etc.)	Carton	Facile à trouver. Par exemple, du carton pour les ramettes de papier A4, ou du carton à chaussures.	X
			Plastique	Difficile à travailler	
			Fer	Très difficile à travailler	
2	Le sol	Lieu de passage des clients	Papier peint	Facile à trouver, mais difficile à coller	
			Peinture	Facilement réalisable par tous les enfants	X
			Bois	Difficile à réaliser par des enfants, mais jolie finition	

Étapes	Matériel	Fonction	Matériaux	Difficultés envisagées	Solutions retenues
3	Les murs	Esthétique de la boutique	Papier peint	Facile à trouver, mais difficile à coller	
			Peinture	Facilement réalisable par tous les enfants	X
			Bois	Difficile à réaliser par des enfants, mais jolie finition	
4	Le plafond	Esthétique de la boutique	Papier peint	Facile à trouver, mais difficile à coller	
			Peinture	Facilement réalisable par tous les enfants	X
			Bois	Difficile à réaliser par des enfants, mais jolie finition	
5	Présentoir à pains	Mettre le pain en présentation dès qu'il est fait	Papier	Facile, mais pas assez rigide	
			Bois	Difficile à réaliser par des enfants, mais jolie finition,	
			Métal	Impossible à réaliser par des enfants	
			Papier Bristol ou cartoline	Rigidité assez convenable pour des enfants de cet âge	X
			Carton	Idéal, mais difficile à travailler	
6	Présentoir à gâteaux	Mettre les gâteaux en présentation dès qu'ils sont faits	Papier	Facile, mais pas assez rigide	
			Bois	Difficile à réaliser par des enfants, mais jolie finition	
			Métal	Impossible à manier par des enfants	
			Papier Bristol ou cartoline	Rigidité assez convenable pour des enfants de cet âge	X
			Carton	Idéal mais difficile à travailler	
7	Les pains	Destinés à être vendus	Pâte à pain	Longue préparation et ne se conserve pas	
			Pâte à sel	Idéal et se conserve plusieurs jours dans un film plastique	X
			Pâte autodurcissante	Idéal, mais sèche très rapidement et beaucoup de perte pour des enfants	
			Pâte à modeler	Se déforme trop facilement	
8	Les gâteaux et viennoiseries	Destinés à être vendus	Pâte à pain	Longue préparation et ne se conserve pas	
			Pâte à sel	Idéal et se conserve plusieurs jours dans un film plastique	X
			Pâte autodurcissante	Idéal, mais sèche très rapidement et beaucoup de perte pour des enfants	
			Pâte à modeler	Se déforme trop facilement	

Pour décorer cette boulangerie, il vous faudra aller sur Internet pour trouver des images pour la porte, la pendule, les affiches, etc.

Vous pourrez conjuguer ce projet « boulangerie » avec un projet électricité en installant un circuit simple avec interrupteur pour l'allumer.

FICHE TECHNIQUE DE FABRICATION DE LA BOULANGERIE

Fiche destinée à l'enseignant

Matériel : une boîte en carton, le présentoir à pains, de la colle, le présentoir à gâteaux, la table, une feuille de plastique semi-rigide A4, une paire de ciseaux, une photo de porte, de la peinture, des photos d'affiches, une bande de carton de 31 × 9 cm.

DOC 57

Étapes	Schémas	Instructions	Conseils éventuels
1	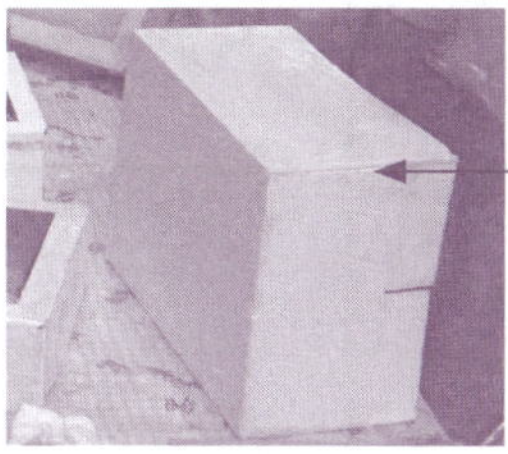	Prendre une boîte en carton de 21 × 29,7 × 15 cm.	
2		Découper dans le couvercle de la boîte une fenêtre de 14 × 24 cm.	
3		Peindre l'extérieur de la boîte et du couvercle.	
4	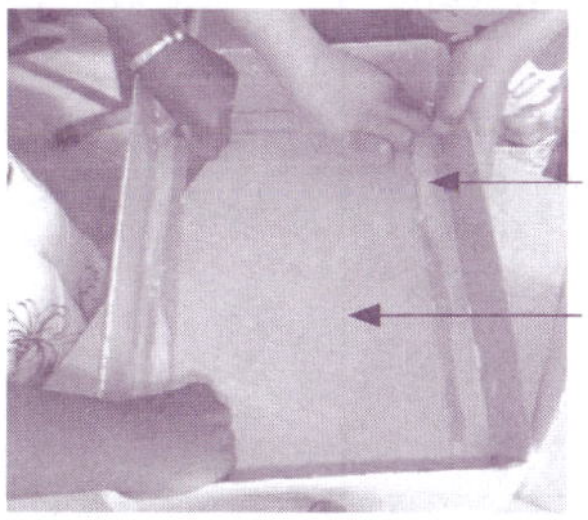	Coller la feuille de plastique transparent dans le couvercle de la boîte.	
5	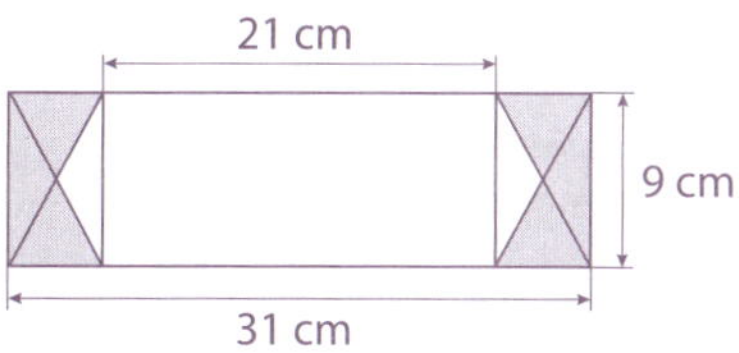	Découper un morceau de carton de 31 × 9 cm. Dessiner à l'intérieur un rectangle de 21 × 9 cm et griser les extrémités comme ci-contre. Ce carton va servir à couper l'angle du mur de la boulangerie. On collera dessus la photo d'une porte.	

Étapes	Schémas	Instructions	Conseils éventuels
6	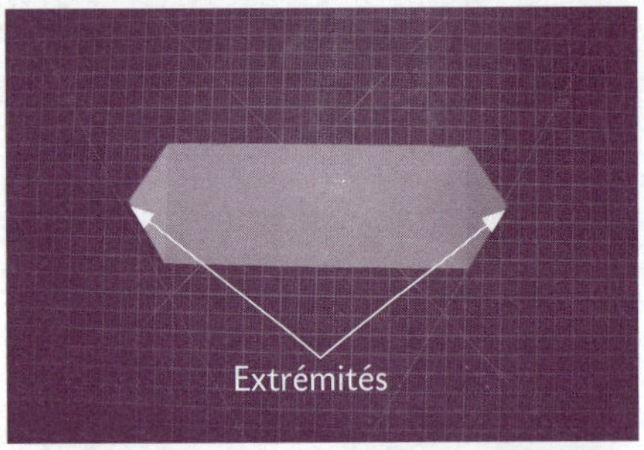	Découper les parties grisées et plier les 2 extrémités triangulaires. Le rectangle du milieu doit faire 21 × 9 cm.	
7	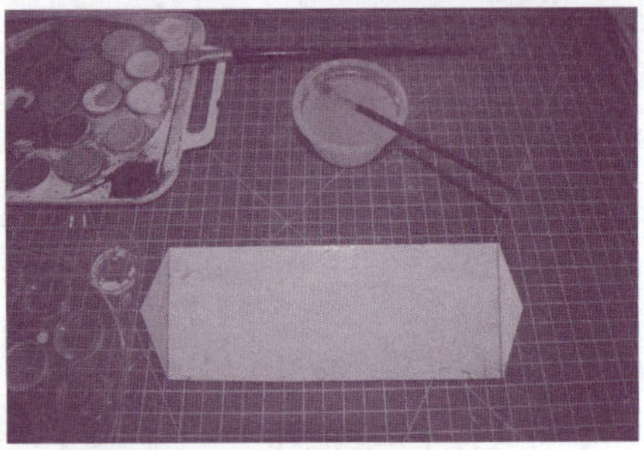	Peindre cette pièce.	
8		Coller une porte dessus et coller cette pièce dans un coin de la vitrine.	
9	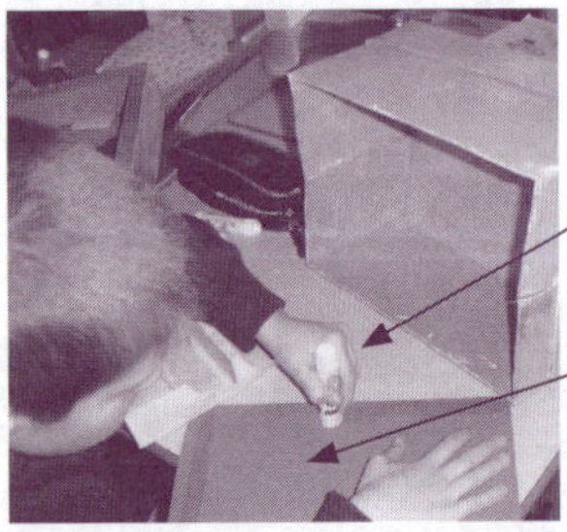	Coller un morceau de carton pour le sol ou le peindre directement.	
10		Disposer le présentoir à pains et le coller.	

Étapes	Schémas	Instructions	Conseils éventuels
11	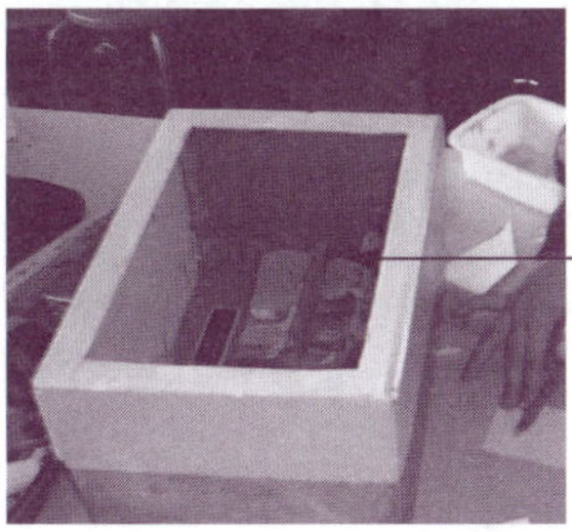	Disposer le présentoir à gâteaux et le coller.	
12	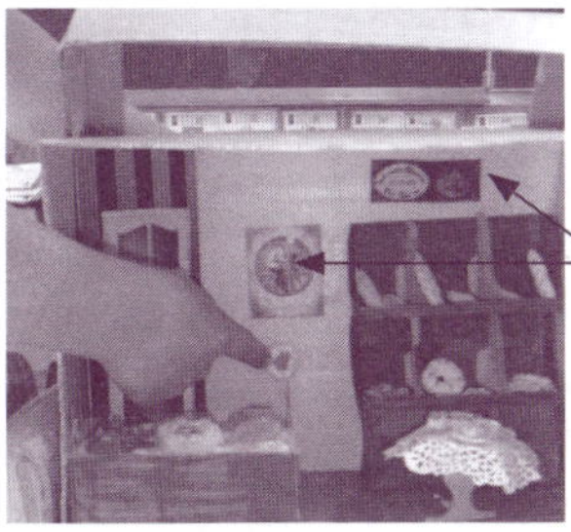	Découper et coller les affiches.	
13	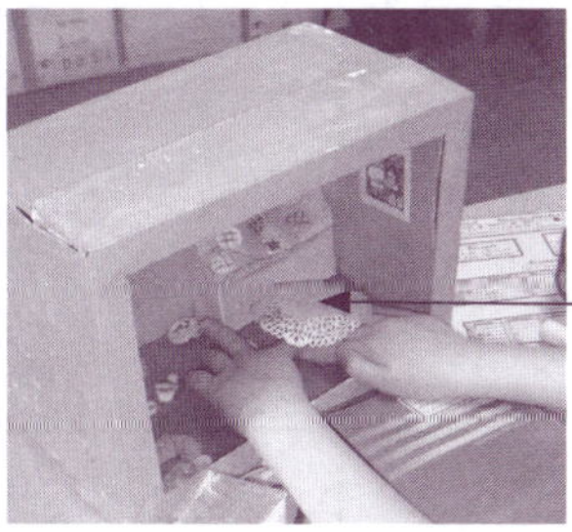	Disposer la table et la coller.	
14		Mettre le couvercle (vitrine de la boulangerie).	

FICHE DE FABRICATION DE LA TABLE

Fiche destinée à l'enseignant

Matériel : le plan de la table à découper, une paire de ciseaux, de la colle, de la peinture ou des feutres, un petit napperon (s'achète en grande surface).

DOC 58

Étapes	Schémas	Instructions	Conseils éventuels
1	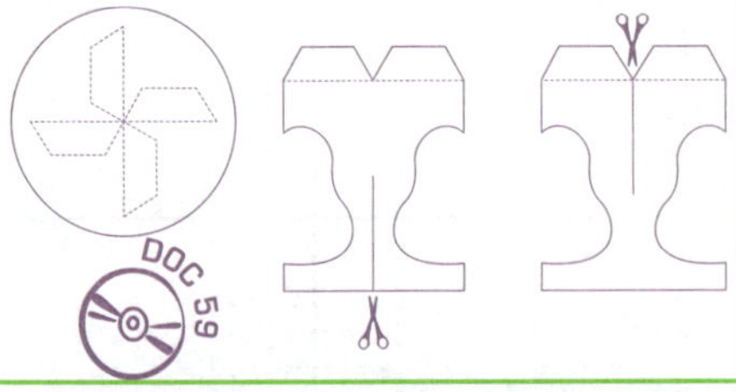	Découper le plan de la table.	
2	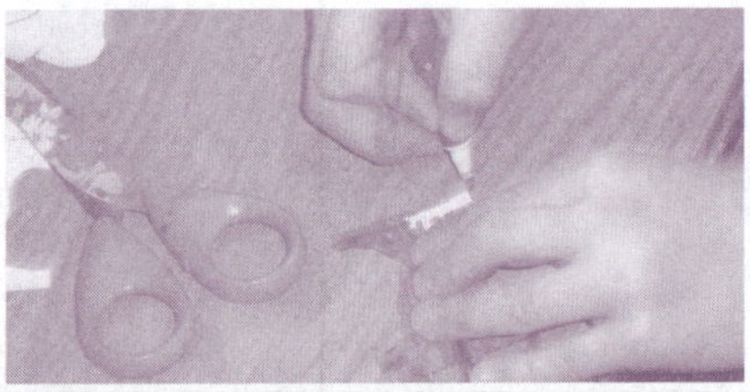	Colorier ou peindre la table.	
3	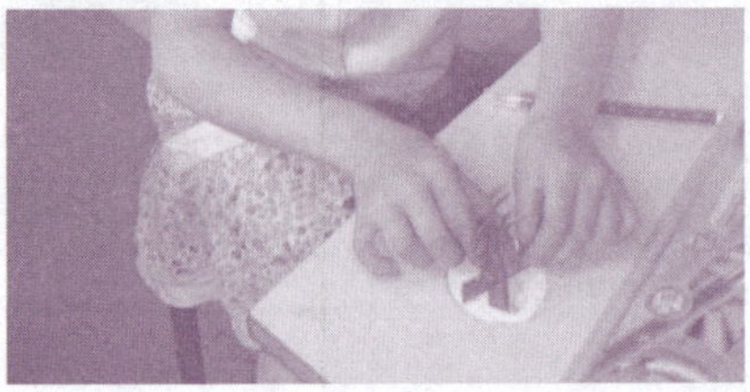	Plier et coller la table.	
4	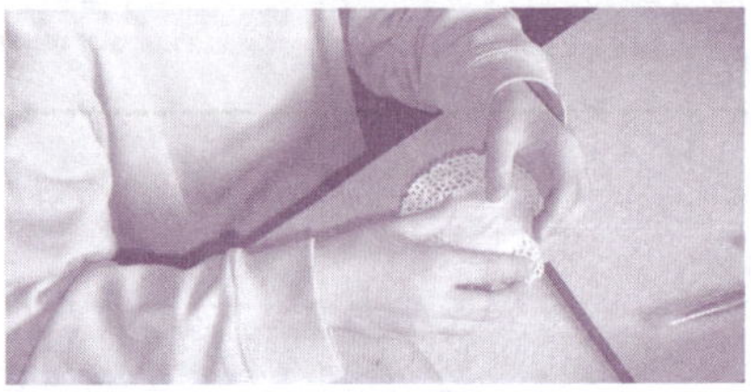	Plier le napperon et le coller sur la table.	
5		La table finie.	
6		Disposer la table dans la boulangerie.	

FICHE DE FABRICATION DU PRÉSENTOIR À GÂTEAUX

Fiche destinée à l'enseignant

Matériel : le plan à découper dans du papier bristol, une paire de ciseaux, de la colle, de la peinture ou des feutres.

DOC 60

Étapes	Schémas	Instructions	Conseils éventuels
1	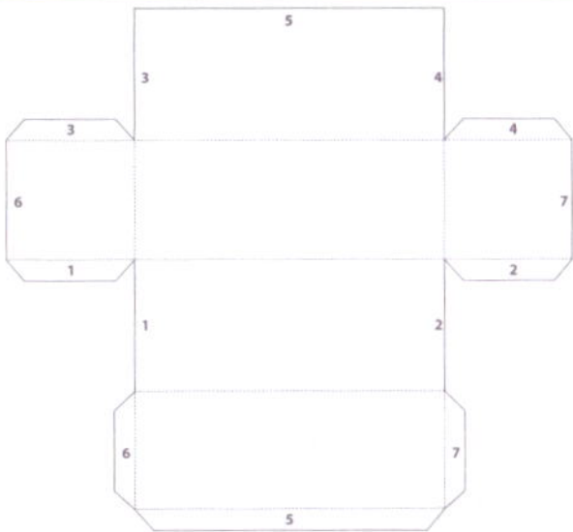 DOC 61	Découper le plan de la structure du présentoir à gâteaux.	
2		Colorier ou peindre le présentoir.	
3	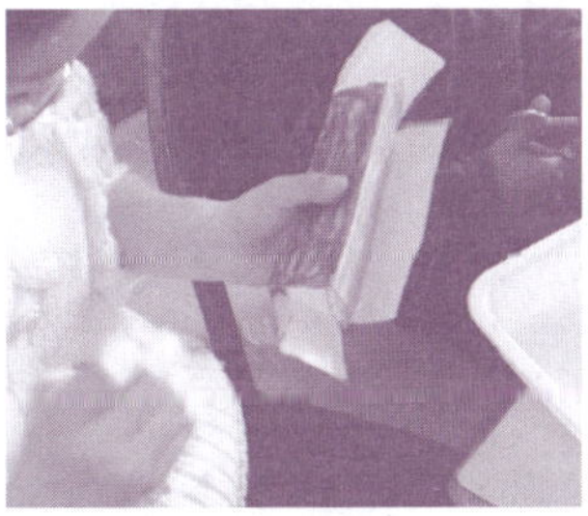	Plier le présentoir et le coller. Coller les étagères.	
4		Le présentoir fini.	
5		Coller les gâteaux.	

FICHE DE FABRICATION DU PRÉSENTOIR À PAINS

Fiche destinée à l'enseignant

Matériel : les trois plans à découper dans du bristol, une paire de ciseaux, de la colle, de la peinture ou des feutres.

DOC 62

Étapes	Schémas	Instructions	Conseils éventuels
1	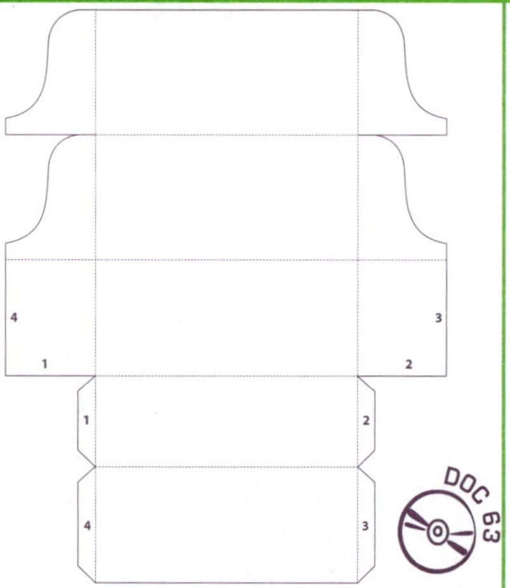	Découper le plan de la structure du présentoir à pains.	
2	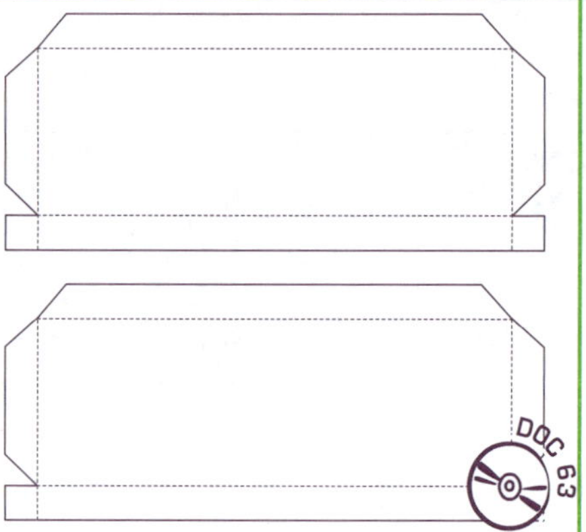	Découper le plan des deux étagères.	
3	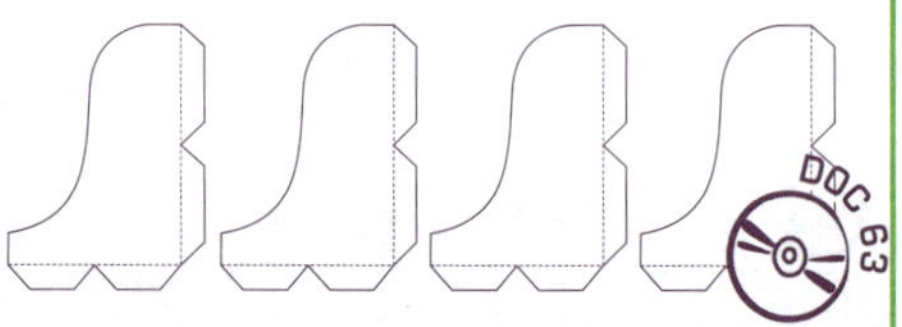	Découper le plan des quatre entretoises.	
4		Colorier ou peindre le présentoir.	

Étapes	Schémas	Instructions	Conseils éventuels
5	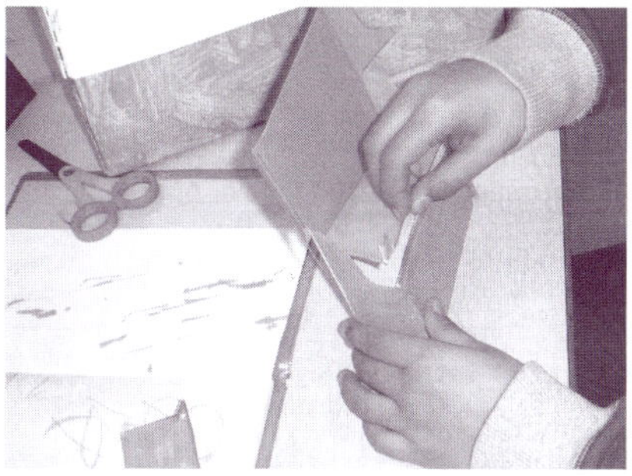	Plier le présentoir et le coller. Puis coller les étagères.	
6	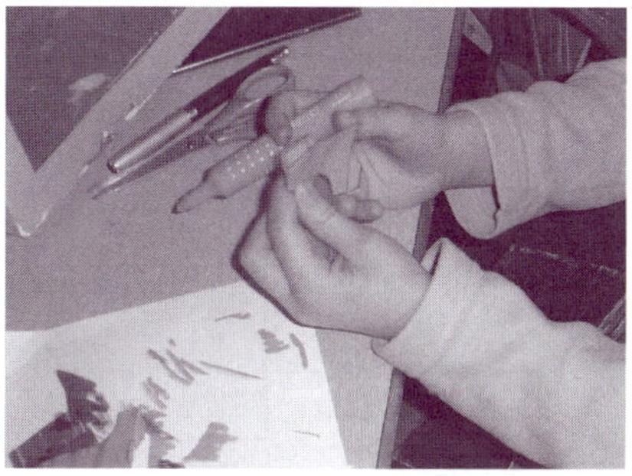	Coller les entretoises.	
7		Le présentoir fini.	
8	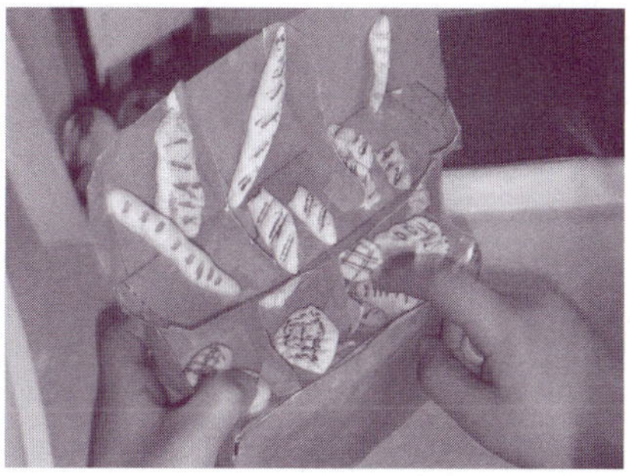	Coller les pains.	

FICHE DE FABRICATION DE LA PÂTE À SEL

Fiche destinée à l'enseignant

Matériel : un verre de sel fin, deux verres de farine, un saladier, une cuillère, un verre d'eau tiède.

DOC 64

Étapes	Schémas	Instructions	Conseils éventuels
1	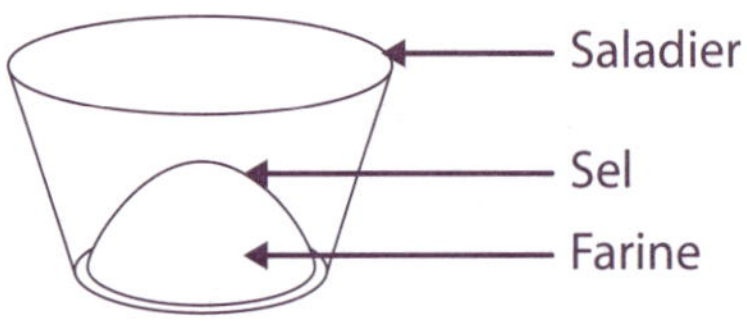	Mettre dans un saladier un verre de sel et deux verres de farine.	
2	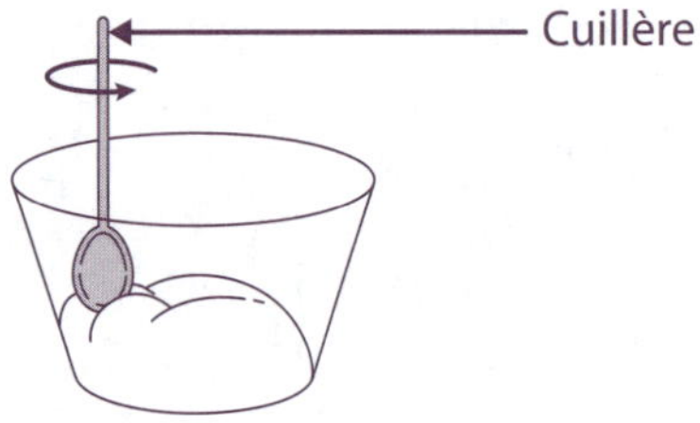	Mélanger avec la cuillère.	
3	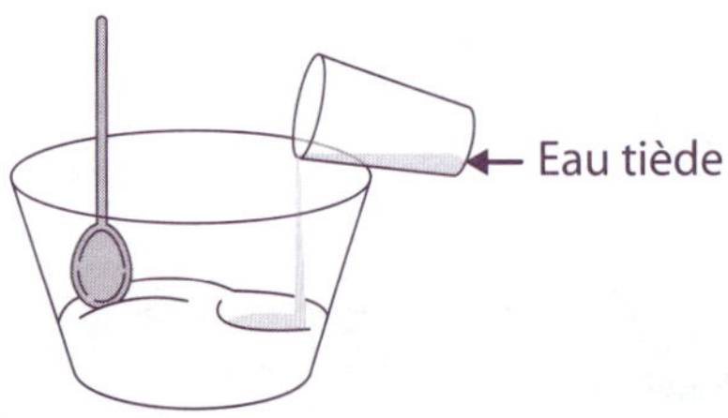	Ajouter l'eau tiède progressivement pour avoir une pâte élastique mais pas liquide.	Filmer le saladier après usage ou placer la pâte dans un sac en plastique bien fermé et mettre le tout au réfrigérateur.

FICHE DE FABRICATION DES GÂTEAUX ET DU PAIN

Fiche destinée à l'enseignant

Matériel : pâte à sel, peinture, une capsule de bouteille, de la colle, le présentoir à pains, le présentoir à gâteaux.

DOC 65

Étapes	Schémas	Instructions	Conseils éventuels
1	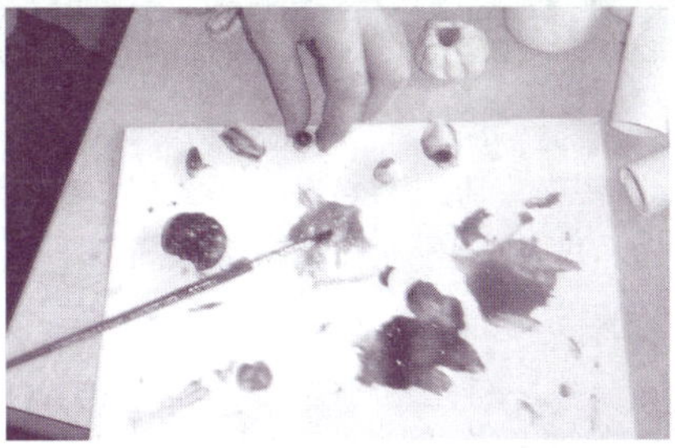	Façonner avec les mains des petits pains et des petits gâteaux. Pour les tartes, prenez une capsule de bouteille et étaler de la pâte à sel à l'intérieur.	
2		Laisser sécher une bonne journée.	
3	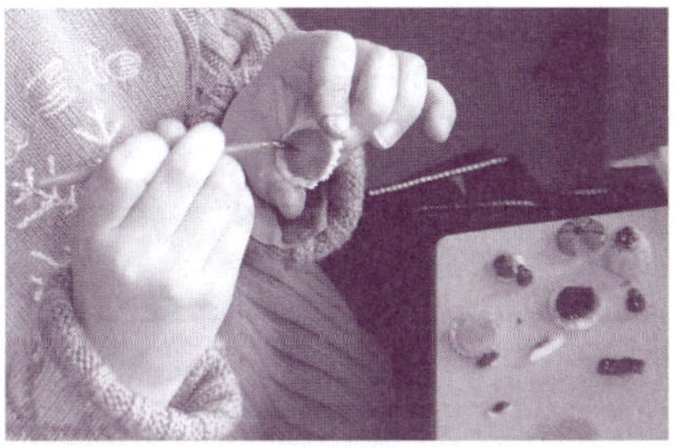	Peindre et décorer les miniatures.	
4		Coller les gâteaux sur le présentoir.	
5		Coller les pains sur le présentoir.	

26 LA TRANSFORMATION DES ALIMENTS

Durée

Prévoir 55 minutes par recette.

Objectifs de connaissance / Compétences

- *Transformation des aliments.*
- *Vocabulaire : faisselle, salage, séchage, affinage, caillage, caillé, moulage, petit-lait, présure, coagulation, lait entier, lait écrémé, babeurre.*
- *Suivre une fiche de fabrication.*

DÉROULEMENT

PROJET

FICHE DE FABRICATION DU FROMAGE FRAIS

Matériel : 2 litres de lait entier ou demi-écrémé, 4 gouttes de présure (achat en pharmacie et doses à bien respecter), crème fraîche, sucre en poudre, faisselle (ou linge fin dans un saladier), casserole, thermomètre, louche.

DOC 66

Étapes	Instructions	Conseils éventuels
1	Verser les 2 litres de lait dans une casserole et faire chauffer doucement jusqu'à 35 °C (vérifier avec le thermomètre).	Attention aux conditions d'hygiène : il faut utiliser des instruments de cuisine très propres et se laver les mains avant de manipuler.
2	Ajouter les 4 gouttes de présure. La coagulation apparaît au bout de 40 à 45 minutes. C'est le **caillé**. Il reste un liquide blanchâtre (le **petit-lait**).	
3	Lorsque le caillé est fait, le transvaser délicatement avec une louche dans la faisselle.	
4	Laisser égoutter pendant au moins 5 heures à température ambiante.	
5	Le fromage est prêt à être dégusté avec de la crème fraîche et du sucre en poudre.	

FICHE DE FABRICATION DES FROMAGES DE CHÈVRE OU DE VACHE AFFINÉS

Matériel : 3 litres de lait de chèvre ou de vache (entier de préférence), 12 gouttes de présure (achat en pharmacie et doses à bien respecter), sel, casserole ou saladier, thermomètre, spatule, louche, planche ou assiette creuse, faisselles, linge propre (torchon).

DOC 67

Étapes	Instructions	Conseils éventuels
1	Verser les 3 litres de lait dans le saladier.	Attention aux conditions d'hygiène : il faut utiliser des instruments de cuisine très propres et se laver les mains avant de manipuler.
2	Laisser reposer 24 heures à 25 °C.	
3	Ajouter 12 gouttes de présure en remuant avec la spatule.	
4	Couvrir avec le torchon et laisser reposer 8 heures. C'est le moment de la coagulation : on obtient le caillé.	
5	Mettre délicatement le caillé bien ferme dans les faisselles.	
6	Laisser égoutter 6 heures sur une planche ou dans une assiette creuse.	
7	Mettre dans un endroit frais ou au réfrigérateur dans le compartiment le moins froid.	
8	Démouler délicatement ces fromages encore frais et les saler sur chaque face.	
9	Changer de récipient et jeter le petit-lait.	
10	Remettre dans un endroit frais.	Vous pouvez laisser ces fromages plusieurs jours au réfrigérateur pour les laisser s'affiner. Il faut les retourner tous les jours. Vous pouvez conserver ces fromages 1 mois après la fabrication.

FICHE DE FABRICATION DES YAOURTS

Matériel : 2 litres de lait entier ou écrémé, yaourt ou levure achetée en pharmacie, sucre en poudre et/ou confiture, casserole, thermomètre, louche, pots de yaourt en grès ou en verre, fouet, cuillère à soupe, papier d'aluminium, élastiques, yaourtière ou plat creux.

DOC 68

Étapes	Instructions	Conseils éventuels
1	Verser le lait dans une casserole et le faire bouillir tout doucement pendant une quinzaine de minutes. Attention à ne pas le faire brûler ou déborder.	Attention aux conditions d'hygiène, : il faut utiliser des instruments de cuisine très propres et se laver les mains avant de manipuler.
2	Retirer du feu et laisser le lait refroidir jusqu'à 45 °C.	
3	Retirer la peau qui se forme à la surface.	
4	Incorporer 2 cuillères à soupe de yaourt ou le ferment acheté en pharmacie.	
5	Battre avec le fouet pendant quelques instants pour bien mélanger.	
6	Verser aussitôt dans les pots.	
7	Couvrir les pots avec le papier d'aluminium et mettre un élastique pour maintenir ce dernier.	
8	Placer les pots dans la yaourtière ou dans un plat creux contenant de l'eau chaude qu'il faut maintenir à 40 °C pendant 4 heures au minimum.	
9	Lorsque le lait est pris, faire refroidir les pots et mettre les yaourts au réfrigérateur.	
10	Attendre 2 heures au minimum.	
11	Les yaourts sont bons à consommer avec du sucre ou de la confiture.	

FICHE DE FABRICATION DU BEURRE

Matériel : crème fraîche épaisse (de préférence bio pour une réussite plus rapide), pot, cuillère, chinois, bol.

DOC 69

Étapes	Schémas	Instructions	Conseils éventuels
1	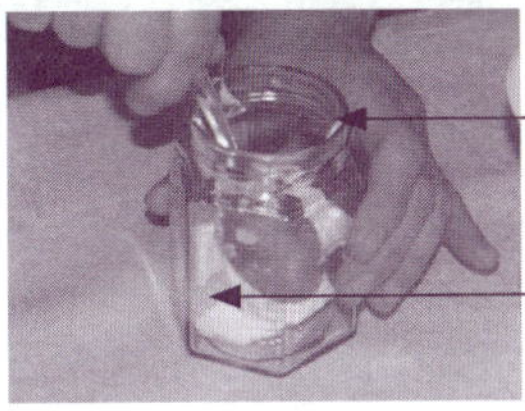	Mettre de la crème fraîche dans le pot et bien le fermer.	
2		Secouer énergiquement pendant une dizaine de minutes jusqu'à entendre de gros « floc ».	
3	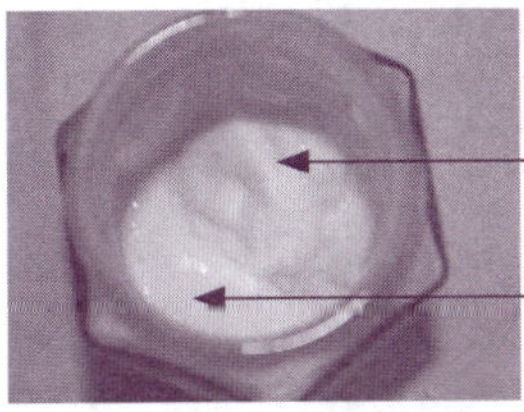	Ouvrir le pot et constater la présence du bloc de beurre et du petit-lait ou babeurre.	
4		Filtrer au chinois dans un bol.	
5		Laisser tomber le beurre dans le filtre.	
6		Laisser égoutter.	Ce beurre peut être goûté par les enfants mais attention aux allergies.

FICHE DE FABRICATION DE LA GALETTE DES ROIS

Matériel : 2 pâtons de pâte feuilletée, 2 œufs, 75 g de sucre, 100 g de poudre d'amandes, saladier, cuillère, plat à tarte, fève.

DOC 10

Étapes	Schémas	Instructions	Conseils éventuels
1	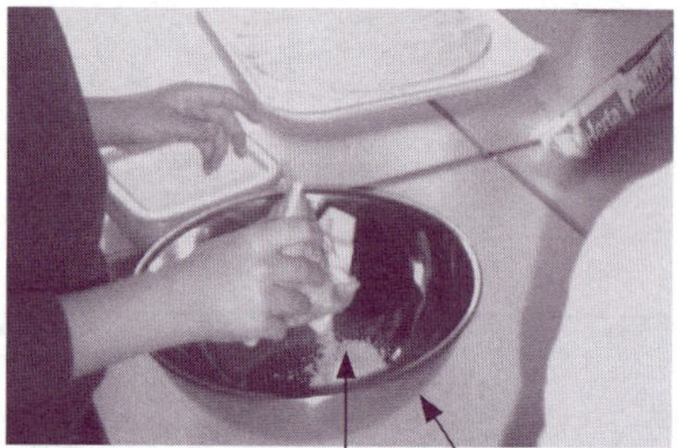 Poudre d'amandes ; Saladier	Mettre 100 g de poudre d'amandes dans un saladier.	
2	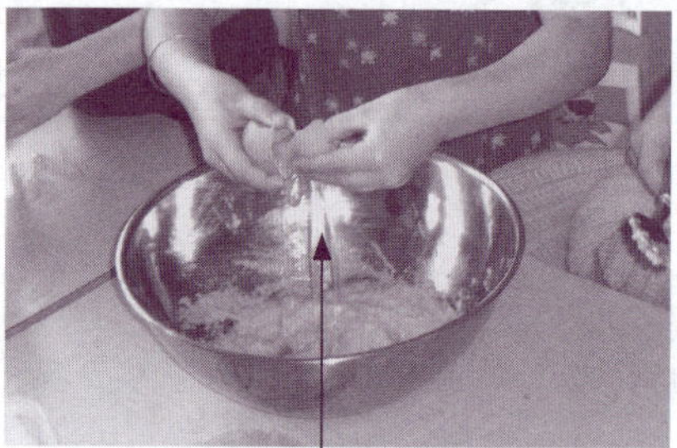 Les œufs	Ajouter un œuf.	
3	 Le mélange (frangipane)	Ajouter 75 g de sucre et mélanger avec la cuillère.	
4	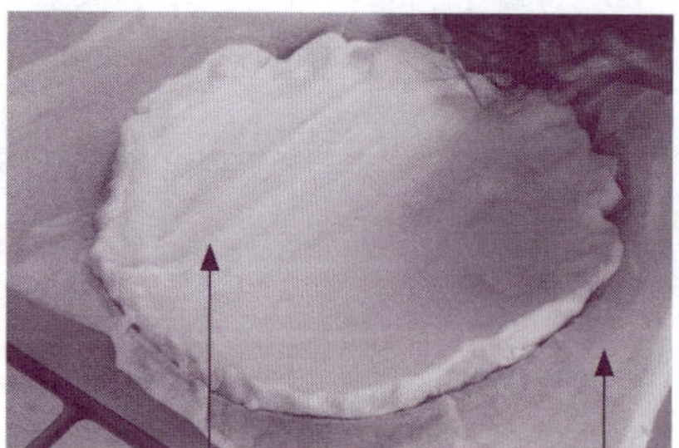 Le pâton ; Papier cuisson	Étaler un pâton de pâte feuilletée avec son papier cuisson dans un plat à tarte.	

Étapes	Schémas	Instructions	Conseils éventuels
5		Verser le mélange d'amandes (frangipane) sur la première pâte. Ne pas oublier de mettre la fève.	
6	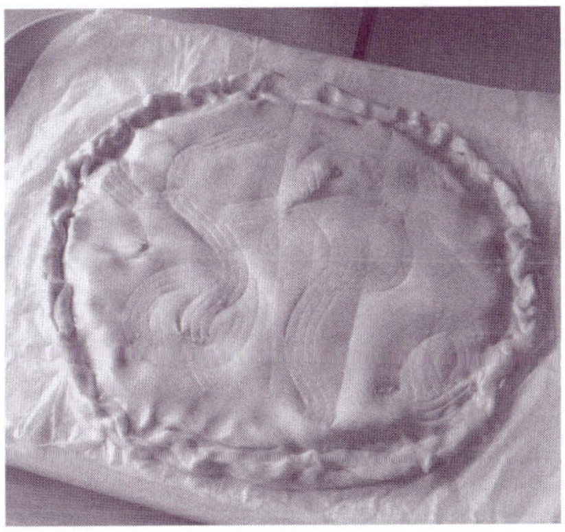 Faire la bordure avec les doigts.	Mettre le second pâton par-dessus le premier disque. Border pour fermer hermétiquement.	Fermer en mouillant les bords et bien serrer avec les doigts.
7	 Les galettes prêtes à être dégustées.	Faire cuire pendant 30 minutes à 210 °C.	

FICHE DE FABRICATION DES CRÊPES

Matériel : 4 œufs, 3 cuillères à soupe de sucre, 150 g de farine, un demi-litre de lait, de l'huile, poêle, une pomme de terre coupée ou papier absorbant, saladier, fouet ou cuillère.

DOC 11

Étapes	Schémas	Instructions	Conseils éventuels
1	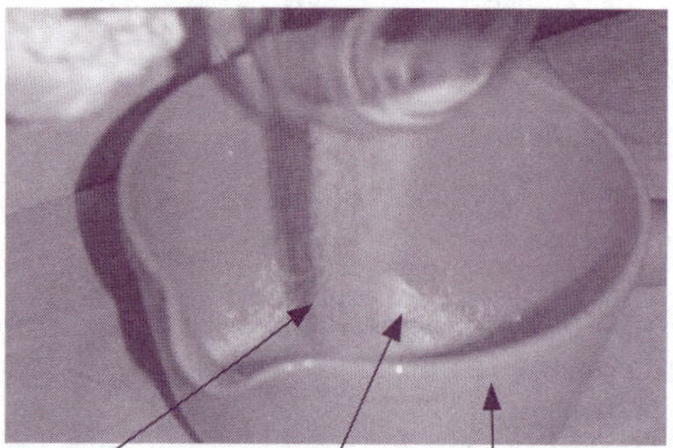	Mettre la farine et le sucre dans le saladier.	
2	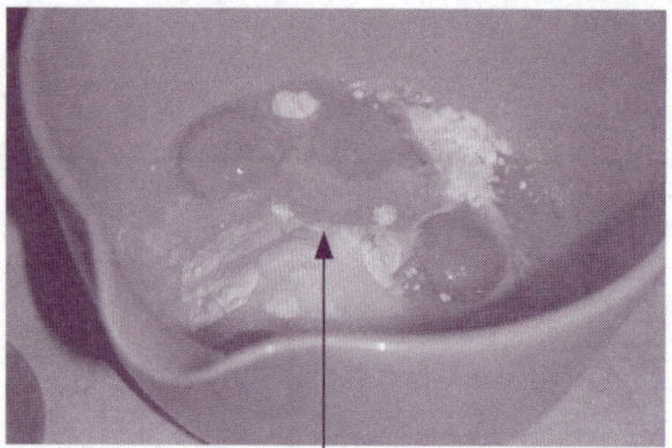	Ajouter les œufs un par un.	
3	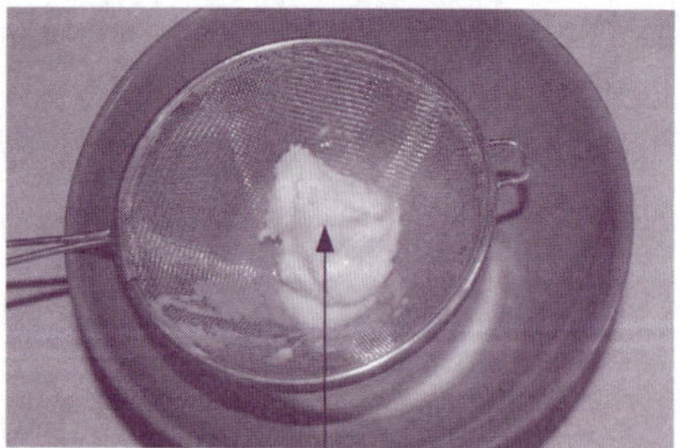	Mélanger avec la cuillère ou le fouet.	
4	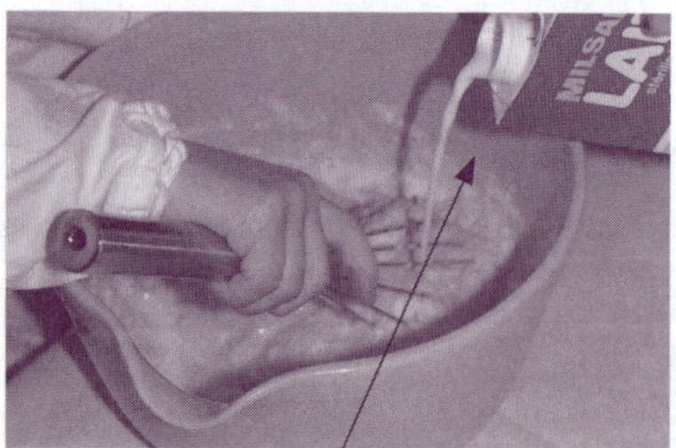	Ajouter le lait petit à petit tout en remuant pour ne pas avoir de grumeaux.	La pâte doit être liquide mais pas trop (comme une sauce onctueuse). Il faut parfois un peu plus qu'un demi-litre de lait.

Étapes	Schémas	Instructions	Conseils éventuels
5	 La pâte au repos	Laisser reposer une heure ou deux.	
6	 La poêle	Faire chauffer la poêle avec un peu d'huile que vous étalez avec une pomme de terre crue ou un papier absorbant.	
7		Verser une petite louche de pâte dans la poêle. Laisser cuire un peu puis retourner ou faites sauter la crêpe.	Cuire une à deux minutes de chaque côté.

27 RÉALISER UN ÉLEVAGE EN CLASSE

Durée

Sur l'année.

Objectifs de connaissances / Compétences

- *Observer.*
- *Pratiquer des dessins d'observation.*
- *Rédiger des comptes rendus.*
- *Repérer les manifestations des différentes fonctions animales.*
- *Respecter l'animal et son environnement.*

DÉROULEMENT

CONSEIL POUR LES ENSEIGNANTS

On sait le nombre de plus en plus important d'enfants privés de contact direct avec un milieu naturel. Certains de nos élèves n'ont jamais eu l'occasion de quitter leur quartier. Il nous semble donc essentiel de réaliser des sorties, des enquêtes, des élevages, d'utiliser des vidéos montrant les animaux évoluer dans leur milieu...

La réalisation d'un élevage permet une série d'activités très formatrices, dont l'observation de l'alimentation et de la nutrition.

C'est bien sûr la meilleure façon d'observer les animaux. Ce travail, outre les apprentissages qu'il permet de développer, est particulièrement apprécié des enfants surtout en cycle 2.

QUEL ANIMAL CHOISIR ?

– Un cochon d'Inde, un hamster... – Des escargots. – Des poissons. – Des lombrics.
– Des insectes : phasmes (à tiare pour distinguer les mâles des femelles ou phasme morose ressemblant à des brindilles) ; ténébrion (ver de farine) ; chenille ; fourmis.

POURQUOI RÉALISER UN ÉLEVAGE ?

L'élevage permet :
– le développement du respect de l'animal (soins à lui apporter : nourriture, entretien de l'habitat...) ;
– un travail d'observation détaillé donnant lieu à de nombreux comptes rendus et rédactions d'écrits scientifiques ;
– une approche de la classification animale ;
Tout au long de l'année, les élèves établiront la fiche d'identité de l'animal qui comporte :
– la description de l'animal : dessin d'observation (qui sera confronté à des illustrations dans des ouvrages documentaires) mais aussi photographies ;
– la nutrition : comment l'animal se nourrit-il ? On peut ici proposer des « expériences » pour constater ce que l'animal préfère manger. On observe et on décrit ses excréments ;
– la description de la locomotion ;
– le mode de reproduction.

Les différents travaux réalisés par les élèves donnent lieu à des recherches parallèlement en bibliothèque centre documentaire.

Les films documentaires peuvent être utilisés avec profit. Ils présentent les animaux dans leur milieu naturel et permettent également un travail sur les chaînes alimentaires et la protection des animaux.

Nous vous proposons la fiche technique de la réalisation d'un terrarium (*cf.* l'ouvrage *Animaux et végétaux,* dans la même collection, pour davantage d'informations).

FICHE TECHNIQUE DE RÉALISATION D'UN TERRARIUM POUR PHASMES, COCCINELLES, PAPILLONS

Modèle pour la classe

Matériel : de l'aggloméré, des tasseaux, de la colle, des clous ou des vis, deux morceaux de grillage en plastique très fin, une scie, un marteau ou un tournevis, deux gonds.

La préparation du terrarium

Étapes	Schémas	Opérations	Observations
1	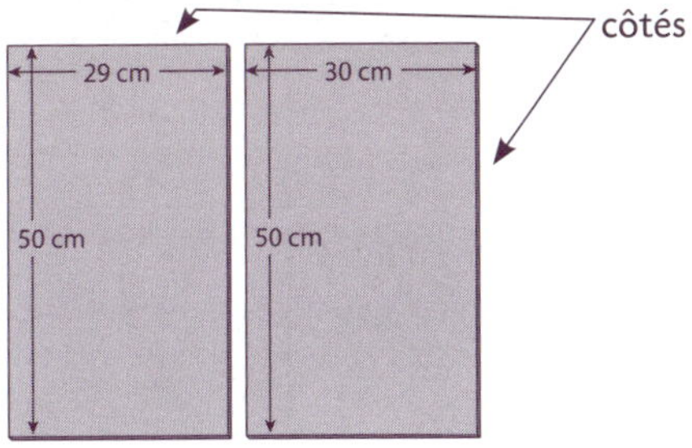	Découper une planche de 30 × 50 cm et une autre de 29 × 50 cm dans de l'aggloméré de 10 mm d'épaisseur.	Les découpes sont faites par les adultes avec une machine appropriée.
2	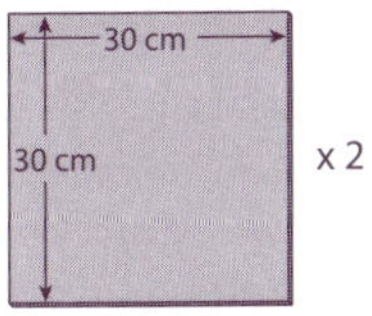	Découper deux planches de 30 × 30 cm dans de l'aggloméré de 10 mm d'épaisseur.	
3	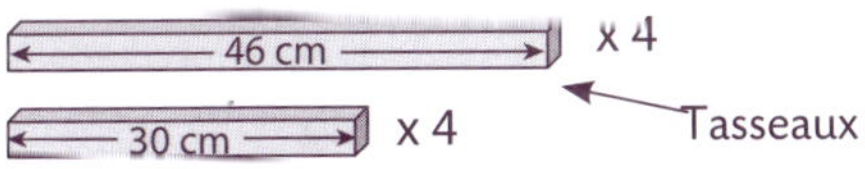	Découper 4 tasseaux de 46 cm et 4 tasseaux de 30 cm.	
4	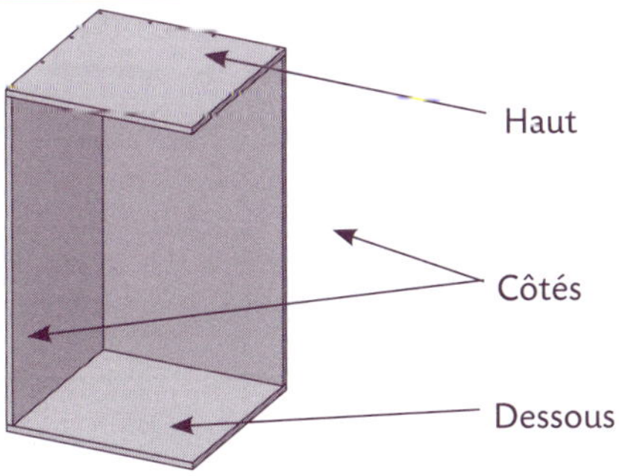	Assembler les 4 planches avec de la colle et des clous (ou des vis).	
5	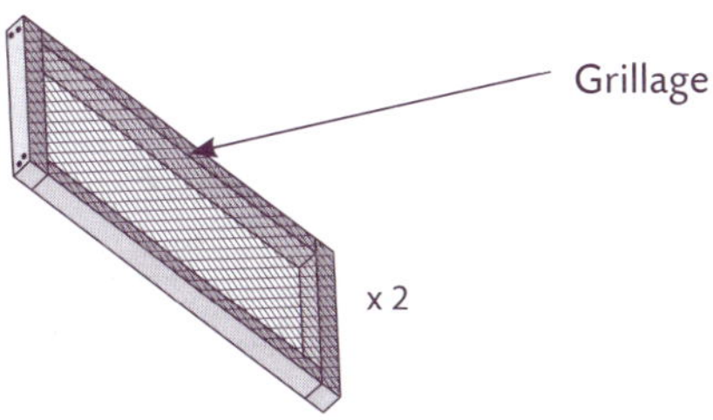	Réaliser deux cadres identiques de 30 × 52 cm pour composer l'encadrement de côté et la porte. Clouer le grillage sur chaque cadre.	Le grillage devra bien évidemment être choisi en fonction de l'élevage envisagé. On a toujours la possibilité, dans un premier temps, de conserver les œufs de papillons, de coccinelles ou de phasmes dans un petit aquarium en plastique pour éviter que les insectes ne s'échappent.

Étapes	Schémas	Opérations	Observations
6	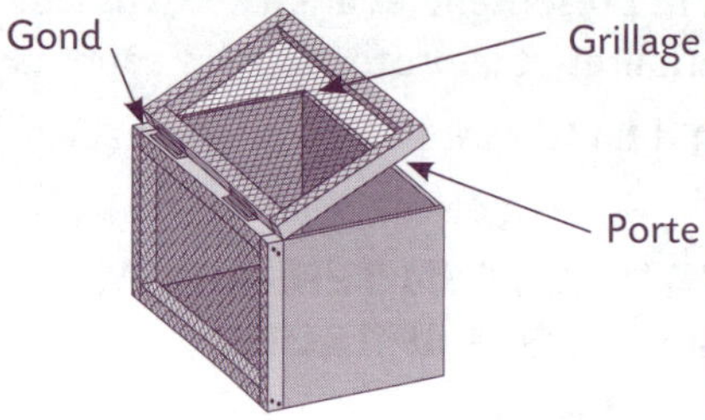	Coller un cadre à l'un des côtés de la boîte. Fixer l'autre cadre au précédent avec des gonds de porte. La cage est prête.	

L'installation du terrarium

Matériel : un terrarium, une colonie de phasmes, coccinelles ou papillons, de la tourbe, un pot avec des feuillus, un essuie-tout humide et une source de chaleur.

DOC 13

Étapes	Schémas	Opérations	Observations
1	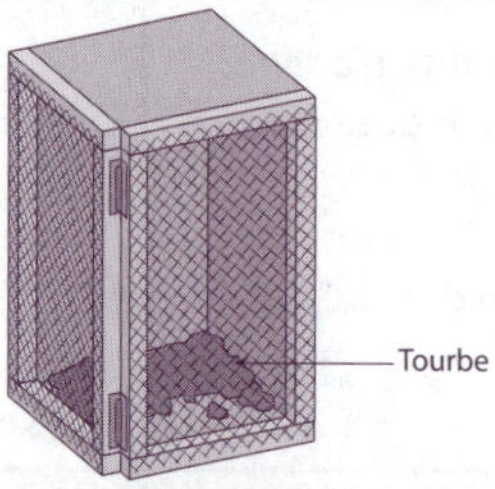	Mettre de la tourbe au fond du terrarium.	
2	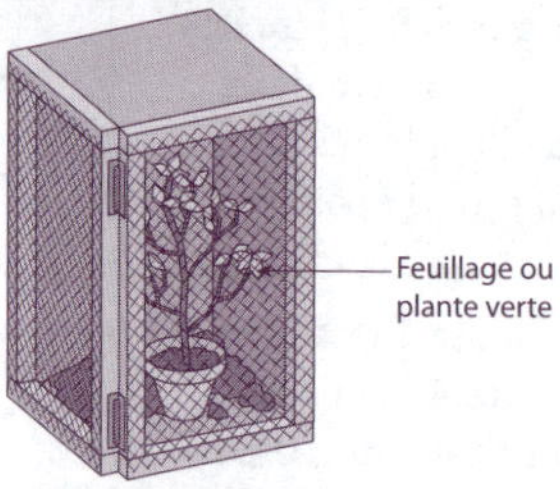	Placer un pot où vous planterez des branchages de feuillus.	La source de nourriture va varier suivant l'animal que vous mettrez dans le terrarium : ronce pour les phasmes, troène ou feuillus pour les chenilles, colonie de pucerons pour les coccinelles.
3	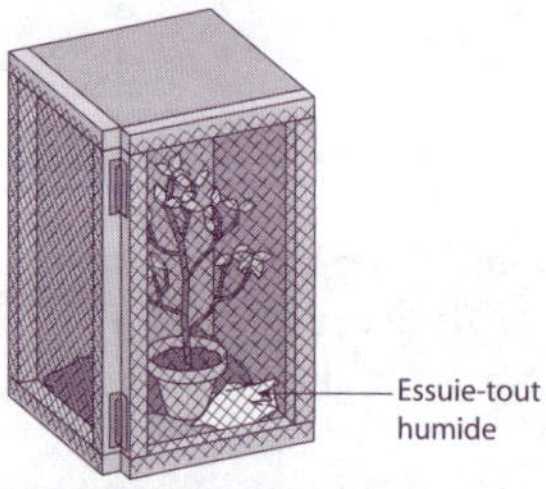	Prévoir un essuie-tout humidifié constamment.	
4	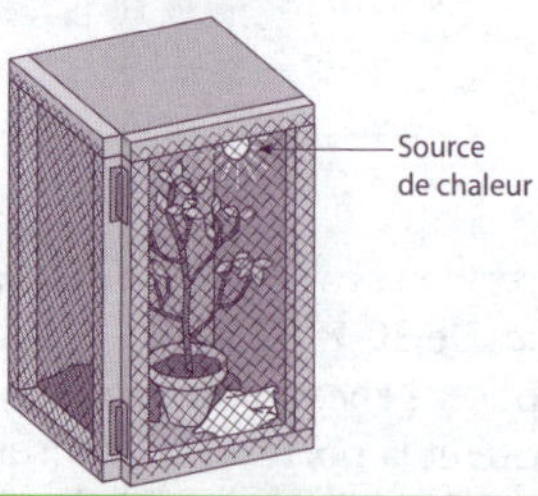	Installer une source de chaleur (une lampe).	

Il est possible de commander des insectes sur Internet. Pour cela, on consultera le site suivant : http://www.insectes.org/opie/insecte.php

28 DES FRUITS ET LÉGUMES PERSONNAGES DE BD (1)

Durée

55 minutes.
On peut prévoir deux séances.

Objectifs de connaissances / Compétences

- *Observation à l'œil nu des fruits et des légumes et de certaines de leurs caractéristiques.*
- *Transformation et personnalisation des fruits ou des légumes.*

Matériel

- *Un fruit ou un légume apporté par chaque élève. L'enseignant prévoira des fruits ou des légumes originaux (fenouil, pommes de terre, tubercule de gingembre, tomates rouge, jaune et verte, pâtisson ou potimarron, piment, oignon, manioc, échalote)...*
- *Des paires de ciseaux, des couteaux, des essuie-tout.*
- *Des crayons à papier.*
- *Un appareil photo numérique pour l'enseignant.*
- *Des photos ou posters de fruits et de légumes.*

DÉROULEMENT

Ce projet s'inscrit dans le cadre d'activités interdisciplinaires préconisées par les programmes. On privilégiera dans ces séances la relation entre le domaine scientifique, celui des arts visuels et celui de la rédaction de textes. L'objet de la première séance consiste à constituer les personnages à partir de fruits ou de légumes. Dans la deuxième séance (*cf.* p. 93), les élèves rédigent leur texte à partir des personnages qu'ils ont créés.

PRÉSENTATION DES FRUITS ET DES LÉGUMES DÉTOURNÉS

▸ Travail collectif

Chaque élève montre le fruit ou le légume qu'il a apporté et le nomme.

L'enseignant explique aux enfants que les fruits et légumes ont servi à autre chose qu'à l'alimentation. Des artistes les ont ainsi utilisés pour réaliser des créations. Présenter quelques œuvres d'Arcimboldo que certains élèves connaissent déjà. Observer avec les enfants comment le peintre a procédé et reconnaître les fruits et légumes qu'il a agencés.

L'enseignant demande aux élèves s'ils auraient d'autres idées sur la façon dont on peut utiliser les fruits et légumes pour faire des compositions en arts visuels. Leur montrer des exemples de « détournements ». On trouvera facilement des images sur Internet en effectuant une recherche « fruits et légumes détournés ». Différents ouvrages peuvent être également présentés aux élèves. À titre d'exemple, on citera :

– *Le musée des potagers* de Caroline Desnoëttes, Réunion des Musées Nationaux, 2006.
– *Fablier des fruits et des légumes* de Charles Dobzynski et Maïté La Boudigue, Éditions du Rocher, 2007.
– *Fruits time* de Jean-Claude Tardif, Le Dé bleu, 1997.
– *Bébés à croquer* de Saxton Freymann, Joost Elffers, Éditions Mila, 2006.

Présenter ces documents aux élèves et leur demander : « Comment ont été transformés ces fruits et ces légumes ? Des éléments supplémentaires ont-ils été ajoutés ? Certaines parties des fruits ou des légumes ont-elles été coupées et définitivement enlevées ou ont-elles été placées à un autre endroit du fruit ? »
Laisser les enfants s'exprimer en dirigeant l'échange oral collectif.

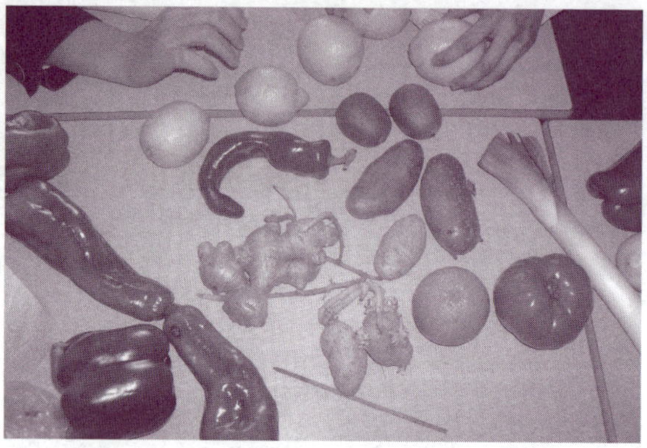

Des fruits et des légumes

TRANSFORMATION D'UN FRUIT OU D'UN LÉGUME EN PERSONNAGE, OBJET OU ANIMAL

▸ Travail individuel

L'enseignant annonce aux élèves que « c'est maintenant à eux de jouer ! » Ils vont devoir transformer leur fruit ou leur légume.
Avant même de couper, d'ôter des parties du fruit ou d'ajouter des éléments comme des lentilles pour les yeux ou des germes de pommes de terre pour les cheveux, des clous de girofle pour le nez... les élèves doivent représenter sur une feuille leur fruit ou légume et, avec un crayon à papier, dessiner les transformations qu'ils comptent effectuer.
Si le travail au crayon à papier satisfait l'élève, il passe au travail d'exécution plastique.

▸ Présentation du travail de transformation

Chaque élève présente et explique son intention à l'ensemble de la classe. L'enseignant photographie les fruits et légumes transformés pour effectuer les tirages. Les images seront utilisées lors de la séance suivante (rédaction de la bande dessinée).

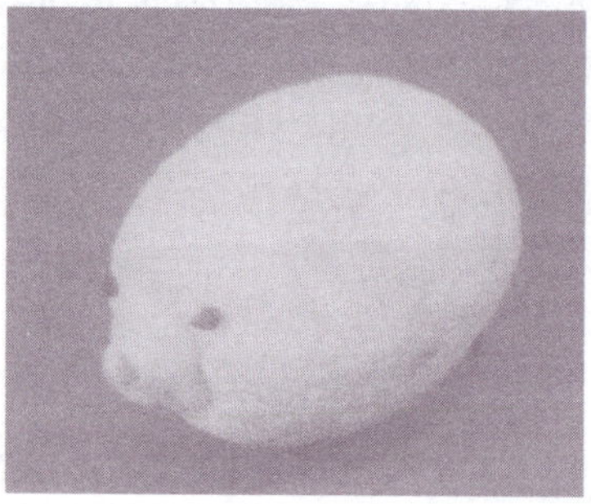

Un citron qui prend l'aspect d'un cochon

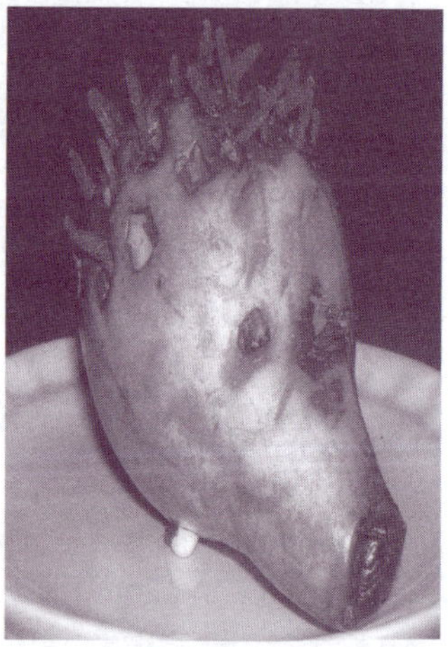

Une poire transformée en tête de cheval

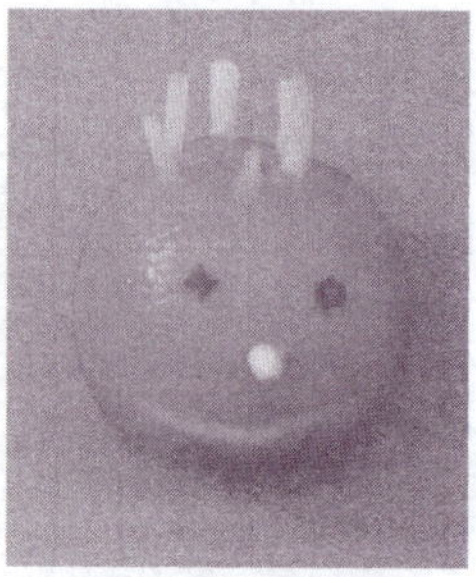

D'autres exemples de transformation

29 DES FRUITS ET LÉGUMES PERSONNAGES DE BD (2)

Durée

55 minutes. On peut prévoir deux séances.

Objectifs de connaissances / Compétences

- *Écrire un texte court cohérent.*
- *Écrire sous la forme d'une bande dessinée.*
- *Écrire des dialogues entre deux ou trois personnages.*
- *Écrire un texte narratif dans une cartouche si nécessaire.*

Matériel

- *Tirage des photos représentant les fruits ou les légumes des élèves réalisés lors de la séance précédente.*
- *Différentes formes de bulles et de rectangles pour les cartouches de la bande dessinée. On les trouvera très facilement dans les logiciels de traitement de texte qui en proposent plusieurs (bulles pour la pensée, bulles pour les paroles).*
- *Feuilles blanches A4 pour coller les photos et les bulles.*

DÉROULEMENT

MISE EN SITUATION

Travail collectif

L'enseignant annonce aux élèves qu'il va leur demander d'écrire une bande dessinée dont les personnages seront les légumes qu'ils ont transformés. Il faudra commencer par imaginer une histoire.

L'enseignant a préalablement pris les photos des productions des élèves qu'il a tirées sur papier.

Présentation des photos des personnages, animaux ou objets réalisés avec un fruit ou un légume lors de la séance précédente.

Les élèves les observent et reconnaissent celui qu'ils ont fabriqué.

ÉCRITURE DE L'HISTOIRE

– Distribution de la photo représentant son personnage, animal ou objet.

– Suite à la présentation des différents personnages, les élèves se réunissent par groupe de trois ou quatre pour construire une histoire.

– Sur une feuille blanche, chaque groupe imagine son scénario. Un travail d'écriture spécifique est organisé par l'enseignant (syntaxe, sens de l'histoire) avec demande éventuelle d'approfondissement ou d'apport d'éléments plus précis mettant leur travail en valeur.

LECTURE DE L'HISTOIRE PAR LES GROUPES

Chaque groupe lit à haute voix son histoire devant l'ensemble de la classe. L'enseignant demandera que les élèves essaient de faire une lecture théâtralisée en mettant le ton et l'intonation.

RÉALISATION DE LA BD

L'enseignant présente différentes bandes dessinées aux enfants. Réflexion sur la structure de l'album.

Découverte des cartouches (rectangles où figurent des indications de lieu, de temps servant à situer l'action) et des différentes formes de bulles (pour les dialogues, pour la pensée intérieure du personnage).

L'enseignant examine ensuite les productions écrites que les élèves ont réalisées sur leur feuille blanche. Il donne son accord pour la réalisation de la bande dessinée. Ce n'est qu'à ce moment-là que les enfants réalisent leurs propres productions en écrivant dans les bulles et les cartouches.

Première de couverture

Chaque groupe dessine également une première de couverture où figurent les éléments indispensables : le titre, les auteurs, les illustrateurs.

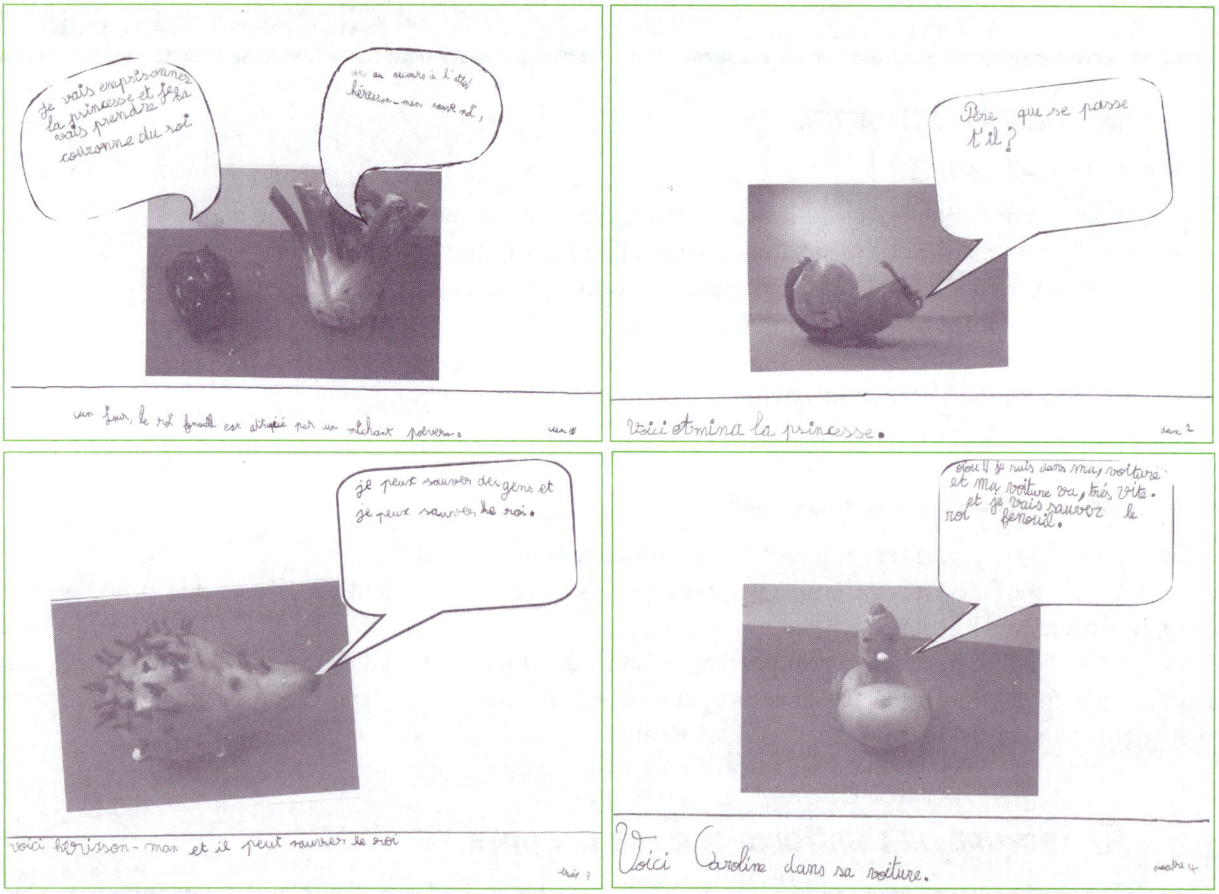

Une bande dessinée réalisée par les enfants

SOMMAIRE DU CÉDÉROM

Pourquoi faut-il manger équilibré ?

Que deviennent les aliments que nous mangeons ?

Les animaux mangent-ils tous la même chose ?

Imprimé en France par Pollina - L50573
Dépôt légal : juin 2009 - Collection 02 - Édition 01
17/1132/4